Rafael Echtler, Michael Sieber

Prüfungswissen kompakt

Kaufmann/Kauffrau im Einzelhandel
Verkäufer/Verkäuferin

3 . Auflage

W0340016

Bestellnummer 27455

Bildungsverlag EINS

Haben Sie Anregungen oder Kritikpunkte zu diesem Produkt?
Dann senden Sie eine E-Mail an 27455_003@bv-1.de
Autoren und Verlag freuen sich auf Ihre Rückmeldung.

www.bildungsverlag1.de

Bildungsverlag EINS GmbH
Sieglarer Straße 2, 53842 Troisdorf

ISBN 978-3-427-**27455**-1

Vorwort

Das vorliegende Buch bietet für die Ausbildungsberufe „Kaufmann/-frau im Einzelhandel“ sowie „Verkäufer/-in“ in knapper Form eine übersichtliche Zusammenfassung aller für die AkA[1]-Abschlussprüfung relevanten Lerninhalte.

Dieses Buch kann keine Lehrbücher ersetzen. Es ist vielmehr als Nachschlagewerk konzipiert, das eine straffe und ökonomische Prüfungsvorbereitung für Klassenarbeiten sowie die Zwischen- und Abschlussprüfung ermöglicht. Darüber hinaus kann es auch für den Unterricht an der Berufsschule eine hilfreiche Ergänzung sein.

Die vorliegende 3. Auflage berücksichtigt den Rechtsstand vom November 2009.

Im Internet unter BuchPlusWeb (s. Umschlaginnenseite) finden Sie eine digitale Lernkartei, in der wir bereits einige Karten beispielhaft für Sie angelegt haben. Näheres hierzu erfahren Sie im Programm selbst unter der Option „Hilfe“.

Die nachfolgenden Übersichten veranschaulichen, ausgehend vom 2004 neu geordneten AkA-Stoffkatalog, welche Kapitel des Buches für welches Prüfungsfach relevant sind. Dabei ergeben sich auch einige Überschneidungen, d. h. Lerninhalte sind zum Teil für mehrere Prüfungsfächer bedeutsam. Dies gilt insbesondere für die Kapitel C. Warenwirtschaft und E. Rechnungswesen.

Für alle seit dem 01.07.2009 neu begonnenen Ausbildungsverhältnisse im Beruf Kaufmann/Kauffrau im Einzelhandel wird die „gestreckte“ Abschlussprüfung eingeführt. Die Zwischenprüfung entfällt. Dafür wird die Abschlussprüfung auf zwei Teile „gestreckt“. Teil 1 wird schriftlich am Ende des 2. Ausbildungsjahres in den Prüfungsfächern „Verkauf und Marketing“, „Warenwirtschaft und Rechnungswesen“ und „Wirtschafts- und Sozialkunde“ durchgeführt. Inhalte und Aufgabenstellungen sind identisch mit der zeitgleich geprüften Abschlussprüfung des Ausbildungsberufes Verkäufer/-in. Damit gilt die Verkäuferabschlussprüfung bei Fortsetzung der Ausbildung im Beruf Kaufmann/-frau im Einzelhandel als 1. Teil der Abschlussprüfung. Teil 2 wird am Ende der Ausbildung schriftlich im Prüfungsfach „Geschäftsprozesse im Einzelhandel“ (bisher: „Einzelhandelsprozesse“) und mündlich weiterhin im fallbezogenen Fachgespräch durchgeführt. Das bisherige Prüfungsfach „Kaufmännische Handelstätigkeit“ fällt weg.

---

[1] *AkA = Aufgabenstelle für kaufmännische Abschluss- und Zwischenprüfungen*

Prüfungsmodalitäten der AkA[1]-Abschlussprüfung (AO 2004)

Ende des 2. Ausbildungsjahres: Teil 1 der gestreckten Abschlussprüfung für Einzelhandelskaufleute (entspricht der Abschlussprüfung für Verkäufer)

Prüfungsfach	Dauer (in Min.)	Aufgabentyp	Inhalte
Verkauf und Marketing	90	ungebunden (offene Fragen)	B.1 Arbeitsmethoden B.2 Warensortiment B.3 Beratung und Verkauf B.4 Servicebereich Kasse B.5 Einflussfaktoren auf die Warenpräsentation B.6 Kundenservice D.4 Absatz
Warenwirtschaft und Rechnungswesen	60	gebunden (Multiple Choice)	B.4 Servicebereich Kasse C.1 Warenwirtschaft und Warenwirtschaftssystem C.2 Wareneingang C.3 Warenlagerung D.3 Beschaffung E.1 Aufgaben und Teilbereiche des Rechnungswesens E.2 Kaufmännisches Rechnen E.3 Kostenrechnung/Kalkulation
Wirtschafts- und Sozialkunde	60	gebunden (Multiple Choice)	A.1 Wirtschaftliche Grundbegriffe A.2 Rechtliche Rahmenbedingungen A.3 Menschliche Arbeit im Betrieb A.4 Arbeitssicherheit und Umweltschutz D.5 Personalwirtschaft

[1] *AkA = Aufgabenstelle für kaufmännische Abschluss- und Zwischenprüfungen*

Am Ende der Ausbildung: Teil 2 der gestreckten Abschlussprüfung für Kaufleute im Einzelhandel

Prüfungsfach	Dauer (in Min.)	Aufgabentyp	Inhalte
Geschäftsprozesse im Einzelhandel	105	ungebunden (offene Fragen)	A.2 Rechtliche Rahmenbedingungen des Wirtschaftens C.1 Warenwirtschaft und Warenwirtschafts system C.2 Wareneingang C.3 Warenlagerung D.1 Stellung, Aufgaben und Leistungen des Einzelhandels D.2 Organisation D.3 Beschaffung D.4 Absatz D.5 Personalwirtschaft D.6 Investition und Finanzierung E.1 Aufgaben und Teilbereiche des Rechnungswesens E.3 Kostenrechnung / Kalkulation E.4 Buchführung E.5 Statistik E.6 Controlling
Mündliche Prüfung (10-15 Min. Vorbereitungszeit, 20 Minuten Prüfungsgespräch)	20	Branchenbezogenes Fachgespräch	Auf der Grundlage einer ausgewählten Wahlqualifikationseinheit, Warengruppen werden berücksichtigt

Verfasser und Verlag wünschen Ihnen nicht nur viel Erfolg beim Arbeiten mit diesem Buch, sondern auch die gewünschten Prüfungsergebnisse!

Bayreuth, Herbst 2009

Die Verfasser

Inhaltsverzeichnis

A Wirtschafts- und Sozialkunde

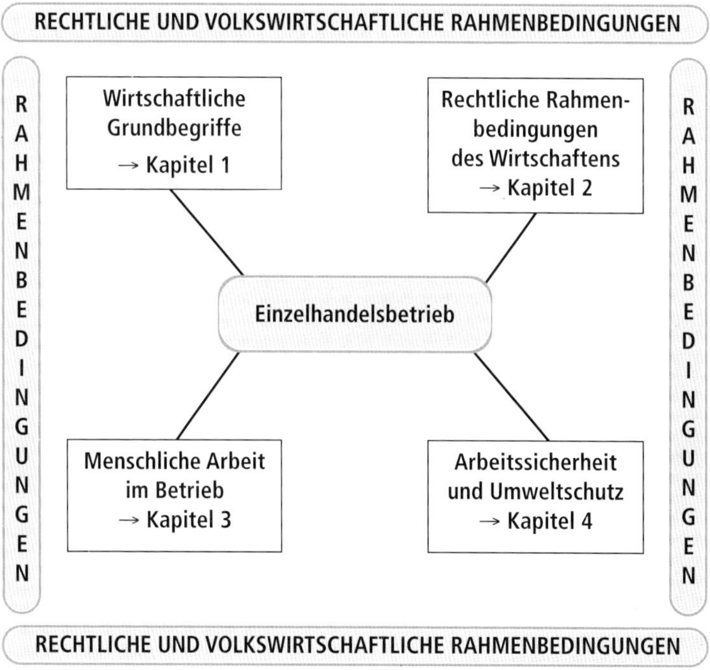

1 Wirtschaftliche Grundbegriffe

1.1 Bedürfnisse, Bedarf, Nachfrage, Güter

▶ Unter ***Bedürfnissen*** versteht man die Mangelempfindungen der Menschen, die diese zu beheben bestrebt sind.

Überblick über die einzelnen Bedürfnisarten

Einteilung	**Arten**	**Beispiele**	**Mittel der Befriedigung** (Güter)
nach der Dringlichkeit	Existenzbedürfnisse (absolute Bedürfnisse = Primärbedürfnisse)	Hunger, Durst	Nahrung, Getränke
	Kultur- und Luxusbedürfnisse (relative Bedürfnisse = Sekundärbedürfnisse)	Erholung, Freizeit	Urlaubsreise, Segelyacht
nach dem Gegenstand	materielle Bedürfnisse	Wohnraum	Haus
	immaterielle Bedürfnisse	Sicherheit und Schutz der Wohnungseinrichtung	Hausratversicherung
nach den gesellschaftlichen Befriedigungsmöglichkeiten	Individualbedürfnisse (Bedürfnisse, die bei einer einzelnen Person auftreten)	Hunger, Durst	Nahrung, Getränke
	Kollektivbedürfnisse (Bedürfnisse, die von einer Gemeinschaft ausgehen)	Sicherheit, Bildung	Polizei, Schulen

▶ Als Bedarf bezeichnet man die mit Kaufkraft versehenen Bedürfnisse.
▶ Nachfrage nennt man den auf dem Markt erscheinenden Bedarf.
▶ Güter sind Mittel, die dem Menschen Nutzen stiften.

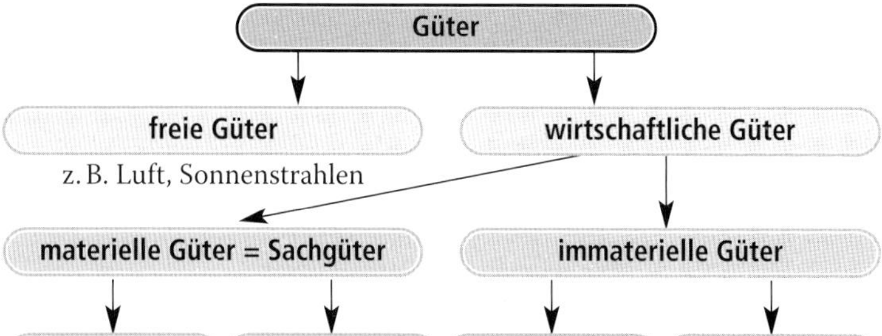

Konsumgüter	Investitionsgüter	Dienstleistungen	Rechte
= Güter, die für den Endverbraucher bestimmt sind	= Güter, die von Unternehmen für die Herstellung und Verteilung anderer Güter bestimmt sind	z. B. Friseur, Kreditgewährung, Versicherungsleistungen	z. B. Patente, Lizenzen, Eigentumsrechte
– Gebrauchsgüter sind langfristig nutzbar (z. B. Küchenmesser)	– Gebrauchsgüter sind langfristig nutzbar (z. B. Regale)		
– Verbrauchsgüter werden beim Konsum verbraucht (z. B. Milch)	– Verbrauchsgüter werden bei der Nutzung verbraucht (z. B. Metallgehäuse für ein hergestelltes Produkt)		

1.2 Ökonomisches Prinzip

Maximalprinzip:

Mit den gegebenen Mitteln ist der größtmögliche Erfolg zu erzielen. (z. B.: Mit einem vollen Tank sollen so viele km wie möglich gefahren werden.)

Minimalprinzip:

Ein geplanter Erfolg ist mit dem geringstmöglichen Mitteleinsatz zu erzielen. (z. B.: Für die Strecke München – Hamburg soll so wenig Sprit wie möglich verbraucht werden.)

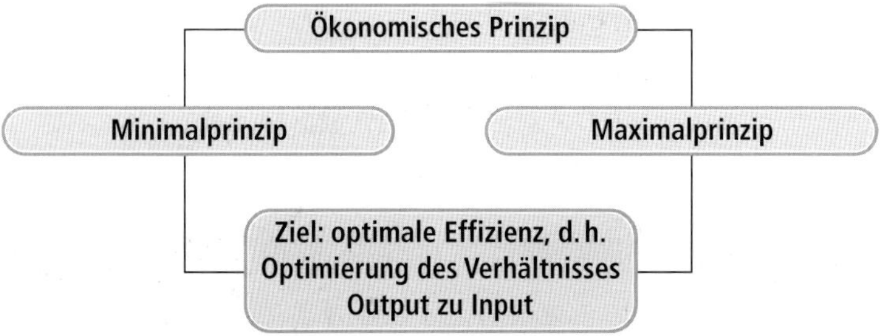

1.3 Ziele erwerbswirtschaftlicher Betriebe

Einzelhandelsbetriebe handeln im Gegensatz zu gemeinnützigen Organisationen (z. B. Caritas, Malteser Hilfsdienst u. a.) nach dem erwerbswirtschaftlichen Prinzip. Die obersten Unternehmensziele sind daher

operativ (= kurzfristig): Gewinnmaximierung, Liquiditätssicherung
strategisch (= langfristig): Existenzsicherung

Neben dem operativen und strategischen Oberzielen streben Unternehmen eine Vielzahl von unterschiedlichen Zielen in unterschiedlichen Zielkategorien an. Dabei spielen die wirtschaftlichen Ziele für erwerbswirtschaftliche Betriebe immer die dominante Rolle.

Wirtschaftliche Ziele	Soziale Ziele	Ökologische Ziele	Gesellschaftliche Ziele
z. B. – Gewinnmaximierung – Umsatzsteigerung – Absatzsteigerung – Steigerung der Eigenkapitalrendite – Erschließung neuer Märkte – Erhöhung des Marktanteils	z. B. – Arbeitsplatzsicherung – Sozialleistungen für Mitarbeiter – Arbeitszufriedenheit der Mitarbeiter	z. B. – ressourcenschonende Herstellungsverfahren – Umweltverträglichkeit der Produkte – umweltschonende Entsorgung – Recycling	z. B. – positives Unternehmensimage – Corporate Identity (Unternehmensidentität, sprich Unverwechselbarkeit des Unternehmens) – politischer Einfluss

1.4 Wirtschaftskreislauf

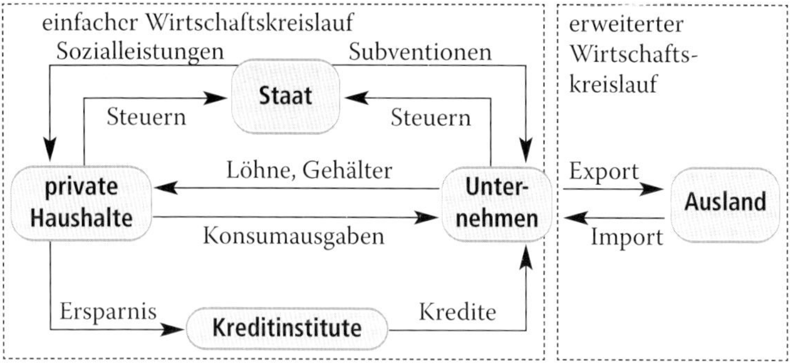

Bei allen Strömen im Wirtschaftskreislauf handelt es sich um Geldströme. Beim Import fließt Geld von den Unternehmen ins Ausland. Beim Export dagegen fließt das Geld vom Ausland in die inländischen Unternehmen. Bei den Zahlungsströmen zwischen privaten Haushalten und den Kreditinstituten wird davon ausgegangen, dass die privaten Haushalte per Saldo mehr sparen als Kredite aufnehmen und dass von den Unternehmen per Saldo mehr Kredite aufgenommen als Ersparnisse eingelegt werden.

1.5 Begriff und Funktionen des Marktes

▶ Als Markt bezeichnet man den gedachten oder tatsächlichen Ort, wo Angebot und Nachfrage aufeinander treffen und sich ein Preis bildet.

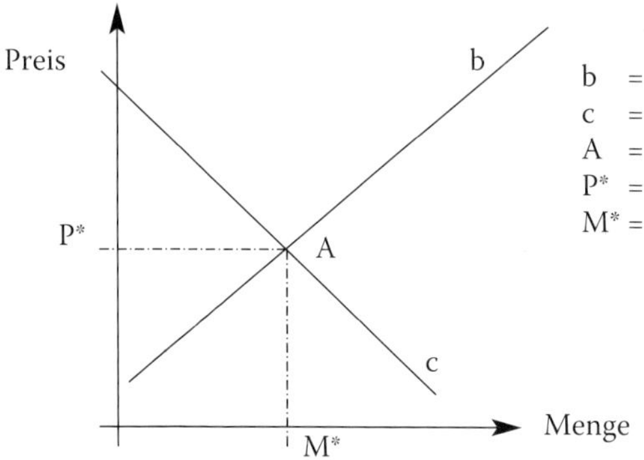

b = Angebot
c = Nachfrage
A = Gleichgewichtspunkt
P* = Gleichgewichtspreis
M* = Gleichgewichtsmenge

Nachfrage steigt	c verschiebt sich parallel nach rechts oben	P* steigt und M* steigt
Nachfrage sinkt	c verschiebt sich parallel nach links unten	P* sinkt und M* sinkt
Angebot steigt	b verschiebt sich parallel nach rechts unten	P* sinkt und M* steigt
Angebot sinkt	b verschiebt sich parallel nach links oben	P* steigt und M* sinkt

Je nach Güterart, Organisation und Zugangsmöglichkeiten unterscheidet man folgende Märkte:

- Faktormärkte (Arbeits- und Kapitalmarkt)
- Gütermärkte (Sachgüter und Dienstleistungen)
- organisierte Märkte (Flohmärkte)
- nicht organisierte Märkte (eBay)
- offene Märkte (freier Marktzutritt)
- geschlossene Märkte (Großmärkte)
- regionale, nationale, internationale Märkte

Zahl der Nachfrager / Zahl der Anbieter	einer	wenige	viele
einer	zweiseitiges Monopol (z. B. Markt für spezielle Sonderanfertigungen)	beschränktes Angebotsmonopol (z. B. Markt für patentierte medizinische Spezialgeräte)	Angebotsmonopol (z. B. Markt für die Zustellung von Briefen → Postmonopol)
wenige	beschränktes Nachfragemonopol (z. B. Markt für Rüstungsgüter)	zweiseitiges Oligopol (z. B. Flugzeugmarkt)	Angebotsoligopol (z. B. Benzinmarkt)
viele	Nachfragemonopol (z. B. Staat als einziger Nachfrager nach Autobahnen)	Nachfrageoligopol (z. B. Markt für Obstverwertung)	Polypol (z. B. Lebensmittelmarkt)

1.6 Kooperation und Konzentration

Schließen sich Unternehmen gezielt zusammen, spricht man von Kooperation und Konzentration. Konzentrationsprozesse bis hin zu Monopolstellungen auf der Anbieterseite schwächen zwar in der Regel die Position der Nachfrager, sind aber nicht grundsätzlich illegal. So kann eine Monopolstellung beispielsweise auch durch eine technische Innovation entstehen (Beispiel: VW erfindet ein Auto mit einem Benzinverbrauch von nur einem Liter auf 100 km). Auch das Angebot von seltenen Rohstoffen kann in der Hand eines einzigen Anbieters sein, ohne dass es ungesetzlich wäre.

Die wichtigsten Formen solcher Unternehmenszusammenschlüsse sind:

Kartelle

Wenn gleichartige Betriebe zur Beeinflussung des Marktes Abmachungen treffen, spricht man von Kartellen. Die Kontrolle erfolgt durch das Bundeskartellamt auf der Grundlage des Gesetzes gegen Wettbewerbsbeschränkungen (GWB). Kartelle sind grundsätzlich verboten (§ 1 GWB).

Nach § 2 GWB ist jedoch unter bestimmten Voraussetzungen eine Freistellung vom Kartellverbot möglich, wenn der Wettbewerb durch das Kartell nicht augeschaltet wird (System der Legalausnahme). Ebenfalls nicht verboten sind Mittelstandskartelle, bei denen es darum geht, die Wettbewerbsfähigkeit kleiner und mittlerer Unternehmen zu verbessern (§ 3 GWB).

Beispiele für verbotene Kartelle:

- Preiskartell: Vereinbarte Verkaufspreise werden nicht unterschritten. *(Beispiel: Alle Mineralölgesellschaften vereinbaren, dass sie in Zukunft für Diesel genau 2,00 EUR pro Liter verlangen werden.)*
- Quotenkartell: Jedem Mitglied wird nur ein ganz bestimmtes Produktions- oder Verkaufskontingent, also eine bestimmte Quote, gestattet. *(Beispiel: Beim Bau öffentlicher Kläranlagen sprechen sich die Anbieter gegenseitig ab, wer bei einer Ausschreibung welchen Preis für einen Kläranlagenneubau anbietet. Da die Preise abgestimmt sind, steht schon vorher fest, wer den Auftrag jeweils bekommen wird. Durch dieses abgesprochene Verhalten wird sichergestellt, dass jedes Unternehmen regelmäßig Aufträge erhält und zudem, dass der Preis künstlich hoch gehalten wird.)*

Konzerne

▶ Die beteiligten Unternehmen bleiben nach außen hin bestehen, sie geben jedoch ihre wirtschaftliche Selbstständigkeit auf.
(Beispiel: Der niederländische Konsumgüterkonzern Unilever kauft das Unternehmen Langnese auf. Das Unternehmen Langnese besteht weiterhin, ist jedoch wirtschaftlich unter der Leitung von Unilever.)

Trusts

▶ Vereinigen sich zwei oder mehr Unternehmen unter Aufgabe ihrer wirtschaftlichen und rechtlichen Selbstständigkeit, so spricht man von einer Verschmelzung (Fusion).
(Beispiel: Die Vereinigung von Daimler-Benz mit dem amerikanischen Autokonzern Chrysler zu Daimler-Chrysler durch einen Aktientausch)

1.7 Produktionsfaktoren

Betriebswirtschaftliche Produktionsfaktoren

Elementarfaktoren	Dispositive Faktoren
▪ ausführende Arbeit ▪ Waren ▪ Standort ▪ Ausstattung	▪ Betriebliche Führung ▪ Planung ▪ Organisation ▪ Überwachung
Kombination = Zusammenwirken der Produktionsfaktoren Substitution = Austausch der Produktionsfaktoren	

Volkswirtschaftliche Produktionsfaktoren

Boden	Arbeit	Kapital	Bildung
▪ Anbaufaktor ▪ Abbaufaktor ▪ Standortfaktor	▪ dispositive (anordnende, verwaltende, organisierende) Arbeit ▪ ausführende Arbeit	▪ produzierte Produktionsmittel: Kombination aus Boden und Arbeit ▪ wird durch Konsumverzicht gebildet	▪ Technisches Wissen und technischer Fortschritt müssen durch Ausbildung und Bildung vermittelt werden.
→ ursprüngliche Produktionsfaktoren		→ abgeleitete Produktionsfaktoren	

1.8 Arbeitsteilung

Gesellschaftliche Arbeitsteilung	Technische Arbeitsteilung	Volkswirtschaftliche Arbeitsteilung	Internationale Arbeitsteilung
▪ Aufteilung der Arbeit nach Alter (Phase des Lernens, des Arbeitens und des Ruhestands) ▪ Berufsspaltung (Spezialisierung, z. B. Neurologe, Hautarzt, Augenarzt, Orthopäde etc.)	▪ Arbeitszerlegung in repetitive (= sich wiederholende) Teilarbeiten (z. B. Fließbandarbeit in der Massenproduktion) ▪ Verstärkter Einsatz von Maschinen ersetzt die menschliche Arbeitskraft (z. B. Automat zur automatischen Leergutannahme)	▪ primärer Sektor: Urerzeugung (z. B. Landwirtschaft, Kohlebergbau) ▪ sekundärer Sektor: Weiterverarbeitung (z. B. Lebensmittelindustrie) ▪ tertiärer Sektor: Verteilung und sonstige Dienstleistungen (z. B. Einzelhandel)	Bestimmte Länder spezialisieren sich aus verschiedenen Gründen auf die Herstellung bestimmter Produkte, z. B. ▪ Güter kommen nur in bestimmten Ländern vor (z. B. Erdöl, Bananen) ▪ Güter werden in bestimmten Ländern deutlich günstiger produziert ▪ Güter werden in bestimmten Ländern mit deutlich besserer Qualität produziert

Vorteile der Arbeitsteilung	Nachteile der Arbeitsteilung
▪ höhere Produktivität ▪ steigende Einkommen ▪ bessere Güterversorgung ▪ Arbeitszeitverkürzung ▪ bessere Arbeitsergebnisse, da Spezialisierung ▪ kostenoptimale Produktion → niedrigere Güterpreise	▪ gegenseitige Abhängigkeit der Betriebe und Länder ▪ Gesamtübersicht kann verloren gehen ▪ evtl. einseitige Umweltbelastung, z.B. bei internationaler Arbeitsteilung ▪ Arbeitsplatzverluste durch Offshoring (= Verlagerung von Arbeitsplätzen in Billiglohnländer)

2 Rechtliche Rahmenbedingungen des Wirtschaftens

2.1 Rechtliche Grundbegriffe

Rechtssubjekte

Natürliche Personen:	alle Menschen
Juristische Personen:	Zweckschöpfung des Gesetzgebers, gebildet durch eine Summe von Personen und/oder Sachen zu einer Organisation ***Juristische Personen des Privatrechts:*** z. B. Kapitalgesellschaften (GmbH, AG), eingetragene Vereine ***Juristische Personen des öffentlichen Rechts:*** z. B. Bund, Länder, Gemeinden, Kreise, Universitäten, IHK, gesetzliche Krankenkassen

Rechtsobjekte

Sachen (= körperliche Gegenstände)	z. B. unbewegliche Sachen (Immobilien) wie Grundstücke und Gebäude oder bewegliche Sachen (Mobilien) wie Konsumgüter und Investitionsgüter
Rechte (= unkörperliche Gegenstände)	z. B. Persönlichkeitsrechte wie Firmenrechte und Namensrechte oder Vermögensrechte wie Forderungen und Patente

Willenserklärung:

▶ Eine Willenserklärung ist eine rechtlich wirksame Äußerung, durch die die abgebende Person bewusst eine Rechtsfolge herbeiführen will.

Rechtsfähigkeit:

▶ Fähigkeit, Träger von Rechten und Pflichten zu sein. Die Rechtsfähigkeit beginnt bei natürlichen Personen mit der Geburt, bei juristischen Personen mit einem Hoheitsakt (bei juristischen Personen des öffentlichen Rechts) bzw. einem privaten Gründerakt (bei juristischen Personen des Privatrechts).

Geschäftsfähigkeit:

▸ Fähigkeit, rechtswirksame Willenserklärungen abgeben zu können, d.h. Rechtsgeschäfte selbstständig abschließen zu können

Unbeschränkte Geschäftsfähigkeit:

▸ alle natürlichen Personen, die das 18. Lebensjahr vollendet haben und sich im Vollbesitz ihrer geistigen Kräfte befinden

Beschränkte Geschäftsfähigkeit:

▸ alle natürlichen Personen zwischen dem vollendeten 7. und 18. Lebensjahr.
Alle Willenserklärungen sind bei beschränkt Geschäftsfähigen zunächst schwebend unwirksam. Erst durch Zustimmung des gesetzlichen Vertreters (im Regelfall die Eltern) wird die Willenserklärung gültig. Für eine Reihe von Rechtsgeschäften gilt jedoch, dass sie auch bei beschränkt Geschäftsfähigen ohne Zustimmung der Eltern rechtswirksam sind:

- Rechtsgeschäfte, die dem beschränkt Geschäftsfähigen nur einen rechtlichen Vorteil bringen (z.B. Annahme einer Schenkung)
- Rechtsgeschäfte, die mit Mitteln getätigt werden, die dem beschränkt Geschäftsfähigen im Rahmen des Taschengeldes zur Verfügung stehen („Taschengeldparagraf")
- Rechtsgeschäfte, die im Rahmen eines Arbeitsverhältnisses getätigt werden (z.B. Verkauf von Waren als Auszubildender zum Einzelhandelskaufmann für den Ausbildungsbetrieb)

Geschäftsunfähigkeit:

▸ Kinder bis zum vollendeten 7. Lebensjahr und dauerhaft geisteskranke Personen
Alle Willenserklärungen von Geschäftsunfähigen sind unwirksam und somit sind auch alle Rechtsgeschäfte nichtig.

Besitz:

▸ Tatsächliche Herrschaft über eine Sache (Wer „hat" es?)

Eigentum:

▸ Rechtliche Herrschaft über eine Sache (Wem „gehört" es?)

Eigentumsvorbehalt:

▶ Der Lieferer behält sich das Eigentum an der Ware bis zur vollständigen Bezahlung vor. Der Käufer wird Besitzer, der Verkäufer bleibt Eigentümer.

2.2 Arten und Form der Rechtsgeschäfte

Vertragsarten

Vertragsart	Vertragsgegenstand	Beispiele
Kaufvertrag	Lieferung eines fertigen Produkts	jeder Kauf einer bereits fertig gestellten Sache
Werkvertrag	entgeltliche Herstellung eines versprochenen Werkes	Autoreparatur, Änderung eines Anzugs
Werklieferungsvertrag	wie Werkvertrag, aber: Unternehmer stellt das Material	Bestellung eines Maßanzugs, Unternehmer besorgt Stoff
Dienstvertrag	Bereitstellung einer entgeltlichen Arbeitsleistung (erfolgsunabhängig)	Arbeitsvertrag
Mietvertrag	entgeltliche Überlassung von Sachen zum Gebrauch	Mieten einer Wohnung, Mieten eines PKW
Pachtvertrag	entgeltliche Überlassung von Sachen oder Rechten zum Gebrauch und zum Fruchtgenuss	Verpachtung eines Ackers, Verpachtung eines Restaurants
Leihvertrag	unentgeltliche Überlassung einer Sache zum Gebrauch (Rückgabe derselben Sache)	kostenloses Überlassen eines PKW, kostenloser CD-Verleih
Darlehensvertrag	unentgeltliche oder entgeltliche Überlassung von vertretbaren Sachen (Sachdarlehen) oder Geld (Gelddarlehen) zum Gebrauch/Verbrauch (Eigentumswechsel)	Kreditvertrag, Ausleihen von Milch, Eier und Mehl bei Nachbarn

Einseitige Rechtsgeschäfte	Mehrseitige Rechtsgeschäfte
nur eine Willenserklärung einer Partei notwendig	mindestens zwei übereinstimmende Willenserklärungen notwendig
empfangsbedürftige Willenserklärungen: Erst rechtswirksam, wenn der Empfänger die Willenserklärung erhalten hat. *Beispiele: Kündigung, Anfechtung, Mahnung*	**einseitig verpflichtende Verträge:** Nur eine Vertragsseite ist zur Leistung verpflichtet. *Beispiele: Schenkung, Bürgschaft*
nicht empfangsbedürftige Willenserklärungen Sind bereits mit ihrer Abgabe rechtswirksam. *Beispiel: Testament*	**mehrseitig verpflichtende Verträge:** Alle Vertragsseiten sind zu einer Leistung verpflichtet. *Beispiele: Kaufvertrag, Mietvertrag, Pachtvertrag*

Form der Rechtsgeschäfte

Grundsätzlich gilt für alle Verträge Formfreiheit. So können z. B. Kaufverträge auch mündlich oder nur durch schlüssiges Handeln (z. B. an der Supermarktkasse) abgeschlossen werden. Bei bestimmten Rechtsgeschäften bzw. Rechtshandlungen gibt es jedoch einen Formzwang:

Schriftform	eigenhändige Unterschrift notwendig z. B. Kündigung, Testament, Schuldanerkenntnis, Bürgschaft (Ausnahme: Formfreiheit, wenn Bürge als Kaufmann i.S. des HGB die Bürgschaft im Rahmen eines Geschäfts abgibt), Grundstücks- und Wohnungsmietverträge auf länger als ein Jahr
notarielle Beglaubigung	Bestätigung der Echtheit ***der Unterschrift*** durch einen Notar, z. B. schriftliche Anmeldung zum Handelsregister oder Grundbucheintrag
notarielle Beurkundung	Bestätigung ***der Unterschrift und des Inhalts*** der Erklärung durch einen Notar, z. B. Grundstückskaufverträge, Ehevertrag, Schenkungsversprechen, Erbverzicht

2.3 Nichtige und anfechtbare Rechtsgeschäfte

Nichtigkeit von Rechtsgeschäften:

- Nichtige Willenserklärungen sind von Anfang an nichtig (ungültig). Sie haben keine Rechtsfolgen, da kein rechtsgültiger Vertrag zustande gekommen ist.

Nichtig sind	Beispiel:
Willenserklärungen von Geschäftsunfähigen	*Ein sechsjähriger Schüler kauft eine CD.*
Willenserklärungen von beschränkt Geschäftsfähigen gegen den Willen des gesetzlichen Vertreters	*Ein siebzehnjähriger Auszubildender kauft gegen den Willen seiner Eltern ein Motorrad.*
Willenserklärungen, die im Zustand der Bewusstlosigkeit oder vorübergehenden Störung der Geistesfähigkeit abgegeben wurden	*Ein Mann kauft im volltrunkenen Zustand ein wertvolles Gemälde.*
Willenserklärungen, die gegenüber einer anderen Person, mit deren Einverständnis nur zum Schein abgegeben wurden (= Scheingeschäft)	*Ein Gast lässt sich in einem Restaurant von einem Kellner eine Quittung über 200,00 EUR geben, obwohl er nur 100,00 EUR bezahlt. Er will die Quittung als Beleg für Geschäftskosten verwenden, um damit Steuern zu sparen.*
Nicht ernst gemeinte Willenserklärungen (= Scherzgeschäfte)	*Jemand sagt im Scherz: „Du kannst mein Auto geschenkt haben."*
Rechtsgeschäfte, die nicht in der vorgeschriebenen Form abgeschlossen wurden	*Ein Vertrag über einen Hauskauf wurde nur mündlich abgeschlossen.*
Rechtsgeschäfte, die gegen ein gesetzliches Verbot verstoßen	*Ein Verkäufer verkauft Alkohol an Kinder.*
Rechtsgeschäfte, die gegen die guten Sitten verstoßen	*Ein Glasermeister nimmt nach einem Unwetter überhöhte Preise für seine Glasscheiben (= Wucher).*

Anfechtbarkeit von Rechtsgeschäften:

- Anfechtbare Willenserklärungen können im Nachhinein durch Anfechtung ungültig werden.
- Bis zur Anfechtung sind sie gültig, d.h. es ist ein rechtsgültiger Vertrag zustande gekommen.

Anfechtungsgründe	Beispiel:
Irrtum in der Erklärung: Die Äußerung einer Person entspricht nicht dem, was sie sagen wollte.	*Ein Einzelhändler bestellt irrtümlich 150 anstatt 15 Hemden.*
Irrtum über die Eigenschaft einer Person oder Sache	*Ein Einzelhändler stellt einen Buchhalter ein und erfährt nachträglich, dass dieser wegen Unterschlagung von Firmengeldern seines vorherigen Arbeitsgebers vorbestraft ist.*
Irrtum in der Übermittlung: Die Willenserklärung wurde von der mit der Übermittlung beauftragten Person oder Organisation (z.B. der Post) falsch weitergegeben.	*Ein Einzelhändler bittet einen Angestellten, bei einem Großhändler telefonisch 100 linierte A4-Blöcke zu bestellen. Der Angestellte bestellt irrtümlich karierte Blöcke.*
widerrechtliche Drohung: Eine Person wird durch eine Drohung zur Abgabe einer Willenserklärung gezwungen.	*Ein Zeitschriftenwerber bedroht eine alte Frau und zwingt sie dazu, ein Zeitschriftenabonnement zu bestellen.*
arglistige Täuschung: Eine Person wird durch arglistige Täuschung zur Abgabe einer Willenserklärung veranlasst.	*Ein Kunde kauft einen gebrauchten PKW. Nach Angaben des Verkäufers ist er unfallfrei. Nachträglich stellt sich heraus, dass der PKW einen Unfallschaden hat.*

2.4 Kaufvertrag

2.4.1 Zustandekommen und Inhalt des Kaufvertrags

▸ Der Kaufvertrag kommt durch zwei inhaltlich übereinstimmende, einander entgegengerichtete Willenserklärungen (Antrag + Annahme) zustande.

Verpflichtungsgeschäft (= Abschluss des Kaufvertrags)

▸ Antrag + Annahme: Bestellung + Bestellungsannahme bzw. Angebot + Bestellung

Pflichten des Käufers	Pflichten des Verkäufers
– rechtzeitige Zahlung des vereinbarten Kaufpreises	– rechtzeitige, vereinbarungsgemäße, mangelfreie Übergabe der Ware
– Abnahme der Ware	– Übertragung des Eigentums

Erfüllungsgeschäft (= Erfüllung des Kaufvertrags)

Im Erfüllungsgeschäft (auch Verfügungsgeschäft genannt) werden die im Verpflichtungsgeschäft eingegangenen Pflichten erfüllt (z. B. Verkäufer liefert die Ware, Käufer nimmt Ware an usw.).

Der **gesetzliche Erfüllungsort** für die Ware ist der Ort des Verkäufers (Warenschulden = Holschulden, d. h. der Käufer muss die Ware beim Verkäufer abholen) und für das Geld ist es der Ort des Käufers (Geldschulden = Schickschulden, d. h. der Käufer muss das Geld an den Ort des Verkäufers übermitteln).

Der **Gerichtsstand** ergibt sich aus dem gesetzlichen Erfüllungsort. Der allgemeine Gerichtsstand ist also der Sitz des Gerichts, in dessen Bezirk der Schuldner seinen Wohnsitz hat.

Inhalte des Kaufvertrags:

- Art, Güte und Beschaffenheit der Ware (z. B. Muster, Warenzeichen, Gütezeichen, Handelsklassen, Jahrgänge, Güteklassen)
- Menge
- Preis der Ware
- Preisabzüge:
  - Rabatt kann z. B. gewährt werden als Mengenrabatt, Personalrabatt, Sonderrabatt, Treuerabatt, Naturalrabatt.
  - Bonus ist ein Nachlass, der nachträglich eingeräumt wird.
  - Skonto ist ein Nachlass, der für das Zahlen innerhalb eines Zahlungszeitraums eingeräumt wird.
- Lieferungsbedingungen:
  Verpackungskosten (gesetzliche Regelung: Käufer trägt die Kosten der Versandverpackung, Verkäufer die Kosten der Verkaufsverpackung, vertragliche Regelungen möglich)
  Frachtkosten (gesetzliche Regelung: Der Käufer trägt die Frachtkosten); vertragliche Regelungen:
  - „ab Werk“, „ab Lager“, „ab Rampe“: Der Käufer trägt alle Kosten des Transports.
  - „ab Bahnhof hier“, „ab hier“, „unfrei“: Der Verkäufer trägt die Kosten der Zufuhr (Rollgeld I) zum Versandbahnhof, der Käufer die Verladekosten, Frachtkosten und die Kosten der Anfuhr vom Bestimmungsbahnhof zum Firmensitz (Rollgeld II).
  - „ab Waggon“: Der Verkäufer übernimmt das Rollgeld I und die Verladekosten.

– „frachtfrei“, „Bahnhof dort“: Der Käufer trägt das Rollgeld II.
– „frei Haus“, „frei Lager“: Der Verkäufer trägt alle Transportkosten.
Lieferzeit: Der Käufer kann die sofortige Lieferung verlangen. Vertragliche Regelungen sind möglich (z. B. „Lieferung innerhalb 20 Tage“, „Lieferung am 8.8.2008“)

- Zahlungsbedingungen: Der Käufer kann die sofortige Lieferung verlangen. Vertragliche Regelungen möglich (z. B. „Zahlungsziel 30 Tage“)

2.4.2 Kaufvertragsarten

Unterscheidung nach	
dem Kaufgegenstand	▪ Stückkauf: Kaufgegenstand ist eine nicht vertretbare Sache (Unikate wie z. B. Originalgemälde, Gebrauchtwagen) ▪ Gattungskauf: Kaufgegenstand ist eine vertretbare Sache (Massenprodukte wie z. B. Kaffeemaschine, Neuwagen)
den Zahlungsbedingungen	▪ Barkauf: Ware gegen Geld (Zug-um-Zug) ▪ Zielkauf: Die Zahlung erfolgt innerhalb eines festgelegten Zahlungsziels. ▪ Vorauszahlung: Die Zahlung erfolgt vor der Lieferung. ▪ Ratenkauf: Die Zahlung erfolgt in Teilbeträgen (Raten). ▪ Kommissionskauf: Der Verkäufer (Kommittent) räumt dem Käufer (Kommissionär) das Recht ein, alle nicht verkauften Artikel zurückzugeben.
der Lieferzeit	▪ Sofortkauf: Die Lieferung erfolgt als direkte Reaktion auf den Vertrag, d. h. der Kunde nimmt die Ware gleich mit (z. B. im Supermarkt). ▪ Kauf auf Abruf: Der Zeitpunkt der Lieferung wird vom Käufer bestimmt. ▪ Sukzessivkauf: Teillieferungen erfolgen zu vorher genau bestimmten Terminen. Der Käufer muss die Ware nicht mehr abrufen. ▪ Terminlieferung: Die Lieferung erfolgt zu einem genau bezeichneten Termin (z. B. „Lieferung am 03.04. d. J.“) ▪ Fixkauf: Die Lieferung steht und fällt mit der Einhaltung eines festgelegten Termins (z. B. „Lieferung am 30.03. d. J. fix“)

Unterscheidung nach	
der rechtlichen Stellung der Vertragspartner	▪ bürgerlicher Kauf: Beide Vertragspartner handeln als Privatleute. ▪ einseitiger Handelskauf: Ein Vertragspartner handelt als Kaufmann, einer als Privatmann. ▪ zweiseitiger Handelskauf: Beide Vertragspartner handeln als Kaufleute.
der Art des Vertrages	▪ Kauf auf Probe: Der Kaufgegenstand kann innerhalb einer vereinbarten Frist zurückgegeben werden. ▪ Kauf nach Probe: Der gelieferte Kaufgegenstand muss mit der vorher begutachteten Probe übereinstimmen. ▪ Kauf zur Probe: Käufer erwirbt zunächst verbindlich eine kleinere Menge des Kaufgegenstandes und stellt eine größere Nachbestellung in Aussicht, wenn die Kaufsache seinen Erwartungen entspricht. ▪ Spezifikationskauf: Kaufgegenstand wird erst innerhalb einer vereinbarten Frist genauer bestimmt (spezifiziert), z. B. nach Größe, Farbe, Muster etc.

2.4.3 Allgemeine Geschäftsbedingungen (AGB)

Begriff:	AGB sind vorformulierte Vertragsbedingungen („das klein Gedruckte"), die eine Vertragspartei (Verwender = Verkäufer) der anderen auferlegt (§ 305 BGB). Sie sind generell Bestandteil des Angebots.
Inhalt:	– Leistungsbedingungen – Zahlungsbedingungen – Gewährleistungsfragen – Haftungsfragen u. Ä.
Ziel:	– Rationalisierung des Wirtschaftsverkehrs durch Standardisierung von Verträgen (Zeit- und Kostenersparnis) – Überwälzen von Risiken auf die Vertragspartner
Gefahr:	Missbräuchliche Verwendung der AGB durch den Verkäufer, insb. bei einseitigen Handelskäufen, wo Privatleute übervorteilt werden könnten

Voraussetzung für Gültigkeit:	– ausdrücklicher Hinweis – deutlich sichtbarer Aushang – Möglichkeit der Kenntnisnahme – Einverständnis
Schutz:	Das BGB (§ 308 ff.) schützt den Kunden (Verbraucherschutz, → Kapitel A.2.8), indem es festlegt, was in den AGB stehen darf. *Beispiele für unwirksame Klauseln (Klausel ist von Beginn an unwirksam):* *– kurzfristige Preiserhöhungen* *– Verkürzung oder Beschränkung der gesetzlichen Gewährleistungsfristen* *– Ausschluss der Haftung für zugesicherte Eigenschaften* *Beispiele für bedingt unwirksame Klauseln (Gericht kann sie für unwirksam erklären):* *– Vorbehalt des Rücktrittrechts für die Leistungspflicht durch den Verwender der AGB ohne sachlichen Grund* *– Vorbehalt des Verwenders, eine versprochene Leistung zu ändern und davon abzuweichen* *– Unangemessen lange und/oder nicht hinreichend bestimmte Fristen für die Erbringung der Leistung*

2.5 Kaufvertragsstörungen

Arten

Schlechtleistung (mangelhafte Lieferung)	Nicht-Rechtzeitig-Lieferung (Lieferungsverzug)	Annahmeverzug	Nicht-Rechtzeitig-Zahlung (Zahlungsverzug)
Mängel in der Art, Menge, Qualität	Bestellte Ware trifft nicht temingerecht ein.	Ordnungsgemäß gelieferte Ware wird nicht angenommen.	Ordnungsgemäß gelieferte Ware wird nicht bezahlt.

2.5.1 Nicht-Rechtzeitig-Lieferung (Lieferungsverzug)

Voraussetzungen des Lieferungsverzugs (§§ 281, 286 BGB)

- **Verschulden (§ 276 BGB)**
  Der Lieferant hat die Verzögerung verschuldet. Der Lieferant haftet für vorsätzliches und fahrlässiges Handeln, nicht für höhere Gewalt.
  - **Ausnahme:**
    Bei Gattungswaren ist ein Verschulden durch den Käufer nicht nachzuweisen.
- **Fälligkeit (§ 271 BGB)**
  Die Lieferung muss fällig sein.
- **Nachholbarkeit der Leistung (§ 275 BGB)**
  Kein Lieferungsverzug, wenn die Leistung auf Dauer nicht mehr erbracht werden kann.
- **Mahnung**
  Der Kunde muss nach Fälligkeit mahnen.
  - Die **Mahnung kann entfallen, wenn ...**
    - der Lieferzeitpunkt **kalendermäßig bestimmt oder bestimmbar** ist, insb. beim Fix- oder Zweckkauf.
    - der Lieferant sich selbst in Verzug setzt **(Selbstinverzugsetzung)**

Rechte des Gläubigers der Nicht-Rechtzeitig-Lieferung (beim Lieferungsverzug)

- ohne Nachfrist
  - Erfüllung des Vertrags + evtl. Schadensersatz **neben** der Leistung (§ 286 BGB)
- mit Nachfristsetzung und Androhung der Geltendmachung der nachfolgenden Rechte nach erfolglosem Ablauf der Nachfrist
  - Rücktritt vom Kaufvertrag (§ 323 BGB)
  - Schadensersatz (SE) **statt** der Leistung (§ 281 BGB), z. B. Mehrkosten für Deckungskauf

Die Nachfristsetzung ist nicht notwendig, wenn ...

- der Schuldner die Leistung endgültig verweigert,
- ein Fix- oder Zweckkauf vorliegt,
- besondere Umstände vorliegen, die unter Abwägung der beiderseitigen Interessen den sofortigen Rücktritt rechtfertigen.

2.5.2 Schlechtleistung (mangelhafte Lieferung)

Mangelarten:

- Falschlieferung
- Zuweniglieferung
- Mangel in der Beschaffenheit
- Montagemangel
- mangelhafte Montageanleitung („Ikea-Klausel")
- Ware ungleich Werbung (Fehlen einer zugesicherten Eigenschaft)

Rügefristen

Zweiseitiger Handelskauf	Einseitiger Handelskauf
– offene Mängel: unverzüglich	– offene Mängel: innerhalb von zwei Jahren
– versteckte Mängel: unverzüglich nach Entdeckung jedoch innerhalb von zwei Jahren	– versteckte Mängel: innerhalb von zwei Jahren

Rechte:

Vorrangig: Nacherfüllung (Nachbesserung oder Neulieferung) → § 439 BGB

Nachrangig (nach Setzen einer angemessenen Nachfrist):

- **Rücktritt vom Vertrag** (nicht bei geringfügigen Mängeln) → §§ 440, 323, 326 BGB
- **Minderung** (= Preisnachlass) + evtl Schadensersatz neben der Leistung → § 441 BGB
- **Schadensersatz statt Leistung** in Verbindung mit dem Rücktritt vom Vertrag (nur, wenn Verschulden vorliegt, nicht bei geringfügigen Mängeln) → §§ 280, 281, 440 BGB
- **Ersatz vergeblicher Aufwendungen** (nur wenn Verschulden vorliegt, nicht bei geringfügigen Mängeln) → § 284 BGB

2.5.3 Annahmeverzug

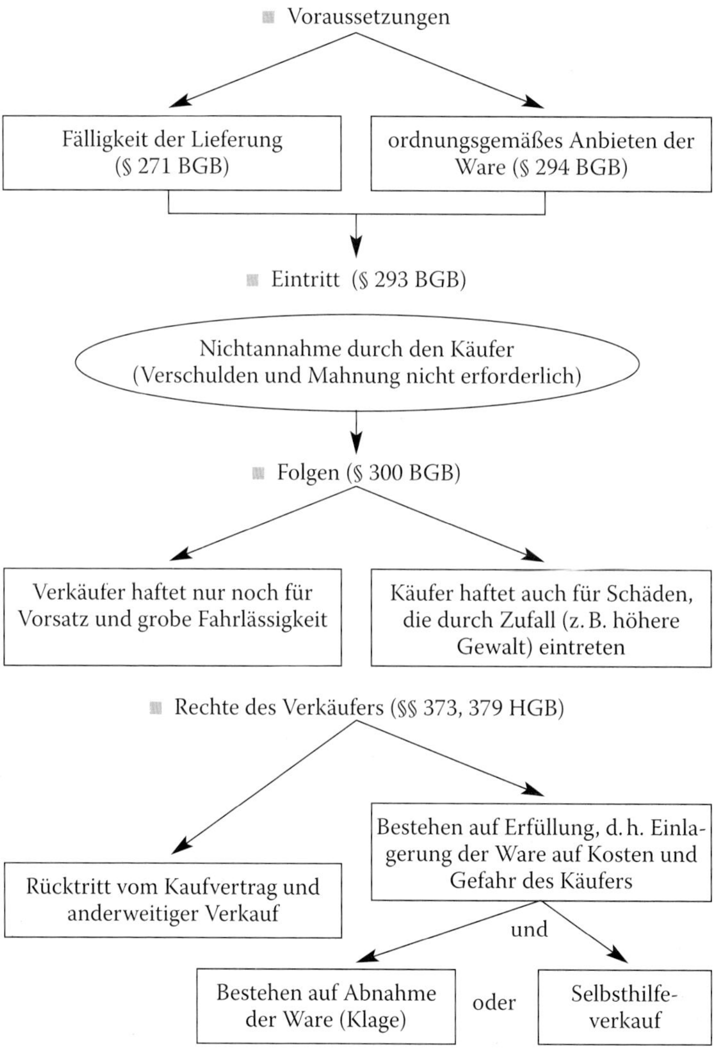

2.5.4 Nicht-Rechtzeitig-Zahlung (Zahlungsverzug)

Voraussetzungen der Nicht-Rechtzeitig-Zahlung (Zahlungsverzug)

Verschulden
Der säumige Zahler hat die Verzögerung verschuldet. Der säumige Zahler haftet für vorsätzliches und fahrlässiges Handeln, nicht für höhere Gewalt.

Fälligkeit
Die Zahlung muss fällig sein.

Mahnung
Der Verkäufer muss den säumigen Zahler nach Fälligkeit mahnen.

Die **Mahnung kann entfallen wenn** ...

- 30 Tage nach Rechnungseingang vergangen sind (Privatpersonen müssen vorher darauf hingewiesen worden sein, z. B. im Kaufvertrag).
- der Schuldner die Zahlung verweigert.
- der Zahlungstermin kalendermäßig bestimmt ist.
- eine Selbstmahnung des Schuldners mit eigener

Rechte des Gläubigers bei Nicht-Rechtzeitig-Zahlung (Zahlungsverzug)

ohne Nachfrist

Zahlung verlangen + evtl. Schadensersatz (Verzögerungsschaden, Verzugszinsen) → § 286 BGB

mit Nachfrist

Rücktritt vom Kaufvertrag (§ 323 BGB)

- kein Verschulden notwendig
- angemessene Nachfrist entbehrlich, wenn Schuldner die Zahlung verweigert oder der Zahlungstermin kalendermäßig genau bestimmt ist

Schadensersatz statt der Leistung (§ 281 BGB)

- angemessene Nachfrist entbehrlich, wenn Schuldner die Zahlung verweigert

2.6 Außergerichtliches (= kaufmännisches) und gerichtliches Mahnverfahren

Außergerichtliches (= kaufmännisches) Mahnverfahren

- Zweck: Einzug von fälligen Forderungen ohne gerichtliche Maßnahmen

Verfahren:

Zahlungserinnerung
↓
mehrere Mahnungen
↓
Postnachnahme/Inkassoinstitut
↓
Letzte Mahnung
↓
Zustellung des Mahnbescheids
(Beginn des gerichtlichen Mahnverfahrens)

↓ Steigerung von sehr höflich über energisch bis hin zur Androhung rechtlicher Schritte

Gerichtliches Mahnverfahren

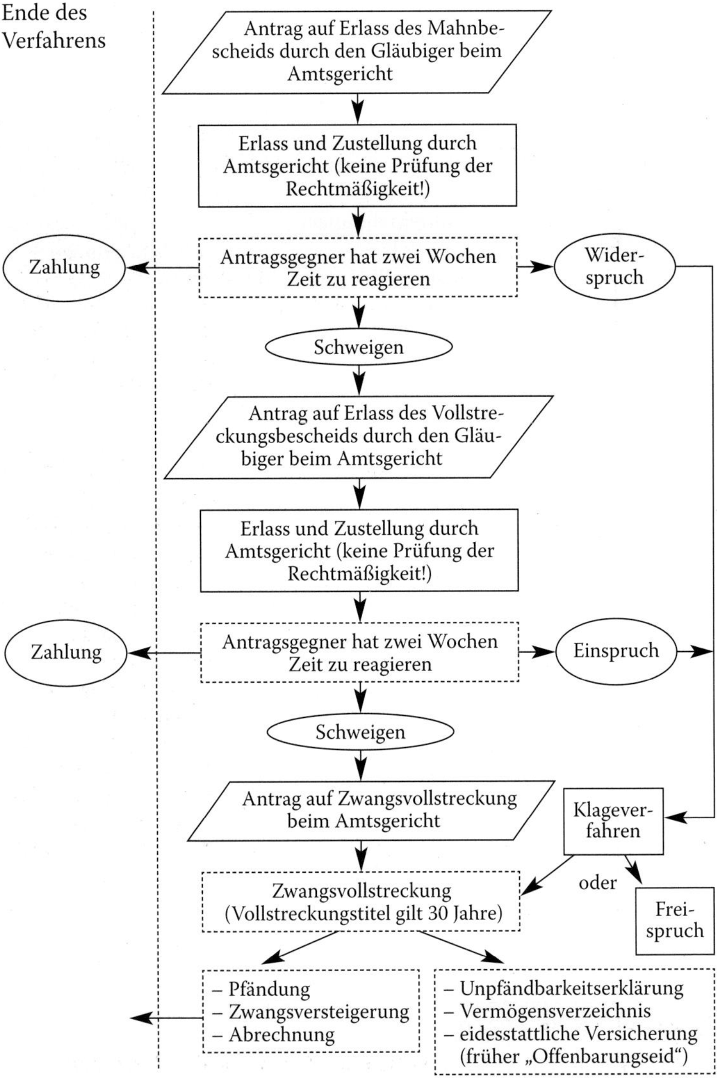

2.7 Verjährung

1 Jahr	2 Jahre	3 Jahre
Gewährleistungsfrist bei gebrauchten Sachen, falls verkürzte Verjährung vertraglich vereinbart wurde (z. B. bei Gebrauchtwagenkauf)	**kauf- und werkvertragliche Gewährleistungsansprüche** (z. B. bei Kauf eines neuen Fernsehers)	**Regelverjährung für alle Fälle, in denen keine anderweitige Regelung vorliegt** (z. B. Forderungen)
▪ ab Übergabe der Sache an den Käufer bzw. ▪ ab Abnahme des Werkes durch den Käufer	▪ ab Übergabe der Sache an den Käufer bzw. ▪ ab Abnahme des Werkes durch den Käufer	▪ ab dem Schluss des Kalenderjahres, in dem der Anspruch entstanden ist und der Gläubiger Kenntnis von der Vertragsverletzung erlangte.

5 Jahre	10 Jahre	30 Jahre
Gewährleistungsrechte aus Werkverträgen, die in der Erstellung eines Bauwerks (einschl. Planungs- und Überwachungsleistungen) besteht (z. B. bei Baumängeln)	**Gilt bei** ▪ **Ansprüchen auf Übertragung des Eigentums an einem Grundstück** ▪ **Ansprüchen auf Begründung, Übertragung oder Aufhebung eines Rechts an einem Grundstück**	**Gilt bei** ▪ **rechtskräftig festgestellten Ansprüchen** ▪ **Ansprüchen aus vollstreckbaren Vergleichen oder vollstreckbaren Urkunden** ▪ **Ansprüchen, die im Rahmen eines Insolvenzverfahrens festgehalten worden sind** ▪ **Familien- und erbrechtlichen Ansprüchen** ▪ **Herausgabeansprüchen aus Eigentum**
▪ ab Abnahme des Werkes durch den Käufer	▪ ab Fälligkeit des Anspruchs	▪ ab Fälligkeit des Anspruchs

Hemmung der Verjährung:

- Verlängerung der Verjährungsfrist um Zeitspanne der Hemmung

Mögliche Gründe für eine Hemmung:

- **Rechtsverfolgung** (§ 204 BGB): Klage, Antrag auf Zustellung eines Mahnbescheids, Anspruchsmeldung im Insolvenzverfahren, Veranlassung eines Schlichtungsverfahrens, Beginn eines schiedsrichterlichen Verfahrens
- **Verhandlungen über den Anspruch** (§ 203 BGB)
- **Leistungsverweigerungsrecht** (§ 205 BGB): Leistungsverweigerung aufgrund einer Vereinbarung zwischen Gläubiger und Schuldner
- **Höhere Gewalt** (§ 206 BGB): Hemmung, solange Gläubiger innerhalb der letzten sechs Monate der Verjährungsfrist durch höhere Gewalt an Rechtsverfolgung gehindert wird.

Unterbrechung (Neubeginn) der Verjährung:

Die Verjährungsfrist beginnt ab der Unterbrechung neu zu laufen.

Mögliche Gründe für eine Unterbrechung:

- **Schuldanerkenntnis durch den Schuldner,** z. B. durch Teilzahlung, Zinszahlung, die Bitte um Stundung, Sicherheitsleistungen, Anerkennung von Mängelansprüchen durch Mängelbeseitigung (Nachbesserung)
- **Antrag oder Vornahme einer gerichtlichen oder behördlichen Vollstreckungshandlung**

2.8 Verbraucherschutz

Gesetzliche Vorschriften zum Schutze des Verbrauchers:

Widerrufsrecht

▶ Bei Haustürgeschäften, Fernabsatzgeschäften (z. B. Versandhandel) und Verbraucherdarlehen (zur Finanzierung der Kaufsumme): Der Verbraucher hat bei diesen Verträgen ein Widerrufsrecht innerhalb von zwei Wochen ohne Angabe von Gründen.

Produkthaftungsgesetz

▶ Wird infolge eines fehlerhaften Produktes ein Mensch oder eine Sache beschädigt, so ist der Hersteller unabhängig vom Verschulden zum Schadenersatz verpflichtet (Gefährdungshaftung). Dies gilt unter der Voraussetzung, dass das Produkt einen Fehler hat bzw. nicht die Sicherheit bietet, die man berechtigterweise erwarten kann. Die Produkthaftung gilt nur bei privater Nutzung des Produkts. Bei beruflicher Nutzung, bei privat hergestellten Gegenständen sowie bei landwirtschaftlichen Naturprodukten und Jagderzeugnissen ist die Haftung ausgeschlossen.

Preisangabenverordnung (→ Kapitel D. 4.4.1)

Wer Waren an Endverbraucher verkauft und dafür Werbung betreibt, hat die Preise anzugeben, die einschließlich Umsatzsteuer und sonstiger Preisbestandteile unabhängig von einer Rabattgewährung zu zahlen sind. Bei losen und abgepackten Waren sind die Preise nach üblichen Einheiten anzugeben (z. B. 1 kg, 100 g u. Ä.).

2.9 Handelsregister, Kaufmannseigenschaft, Firma

Handelsregister

Das HGB gilt nur für Kaufleute im Sinne des HGB. Die sind im **Handelsregister**, dem öffentlichen Verzeichnis aller Kaufleute nach HGB eines Amtsgerichtsbezirks, verzeichnet. Man unterscheidet im Handelsregister die Abteilung A, in die alle Einzelunternehmen und Personengesellschaften (z. B. OHG, KG, GmbH & Co. KG) und die Abteilung B, in die alle Kapitalgesellschaften (z. B. GmbH, AG) eingetragen werden.

Der Kaufmann nach HGB

Der Kaufmann nach HGB

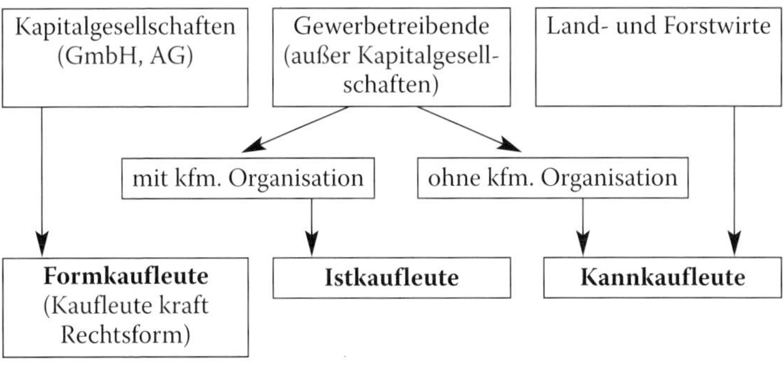

Für **Formkaufleute** ist die Eintragung ins Handelsregister **konstitutiv** (rechtsbegründend), d. h. die Kapitalgesellschaft entsteht erst durch die Eintragung ins Handelsregister.

Für **Istkaufleute** ist die Eintragung ins Handelsregister **deklaratorisch** (rechtsbekundend), d. h. die Rechtswirkung besteht schon vor dem Eintrag ins Handelsregister.

Kannkaufleute können sich ins Handelsregister eintragen lassen, müssen aber nicht. Wenn sie sich eintragen lassen, ist die Eintragung konstitutiv (rechtserzeugend) und sie werden durch die Eintragung Kaufleute im Sinne des HGB. Erfolgt keine Eintragung, bleibt der Kannkaufmann Nicht-Kaufmann und es gilt für ihn weiterhin das BGB.

Firma

▶ Als Firma bezeichnet man den Namen, unter dem der Kaufmann i. S. d. HGB seine Geschäfte betreibt (Handelsname).

Als **Firmenarten** unterscheidet man dic **Personenfirma** (z. B. Hans Meier OHG), die **Sachfirma** (z. B. Software GmbH), die **Fantasiefirma** (z. B. Softy Creations KG) und die **Mischfirma** (z. B. Meier Software Creations GmbH).

Wer eine Firma führt, hat die folgenden **Firmengrundsätze** zu beachten:

- **Firmenöffentlichkeit:** Jeder Kaufmann muss seine Firma ins Handelsregister eintragen lassen.
- **Firmenbeständigkeit:** Die bisherige Firma kann z. B. auch bei Inhaberwechsel fortgeführt werden.
- **Firmenausschließlichkeit** (Unterscheidbarkeit): Die Unterscheidbarkeit von anderen Firmen muss bei Neugründungen beachtet werden.
- **Irreführungsverbot:** Der Firmenname darf nicht über geschäftliche Verhältnisse, die für die Geschäftspartner maßgeblich sind, täuschen.
- **Offenlegung der Haftungsverhältnisse:** Wird durch Rechtsformzusatz und Eintragung ins Handelsregister gewährleistet.
- **Offenlegung der Gesellschaftsverhältnisse:** Wird durch Rechtsformzusatz und Eintragung ins Handelsregister gewährleistet.

2.10 Rechtsformen der Unternehmen

Einzelunternehmen (Alleinunternehmer)	Gesellschaftsunternehmen		
	Kapitalgesellschaften	Personengesellschaften	Andere Gesellschaftsformen
	▪ Gesellschaft mit beschränkter Haftung (GmbH) ▪ Aktiengesellschaft (AG) ▪ Kommanditgesellschaft auf Aktien (KGaA)	▪ Offene Handelsgesellschaft (OHG) ▪ Kommanditgesellschaft (KG) ▪ GmbH & Co. KG	▪ Genossenschaft (eG) ▪ Versicherungsverein auf Gegenseitigkeit (VvaG) ▪ Partnergesellschaft (PartGG) ▪ Unvollständige Gesellschaften wie die stille Gesellschaft oder die BGB-Gesellschaft

2.10.1 Einzelunternehmung (e. K.)

Gründung	erfolgt durch den Unternehmer selbst → Eintragung in das HR Abt. A
Firma	Personen-, Sach-, Fantasie- oder gemischte Firma mit dem zwingenden Zusatz „eingetragener Kaufmann/Kauffrau" oder „e. K."/„e. Kfm."/„e. Kfr."
Kapitalaufbringung	Eigenkapital wird von einer Person aufgebracht; über die Höhe gibt es keine Vorschriften.
Geschäftsführung (Innenverhältnis: Wer hat im Unternehmen das Sagen?)	Einzelgeschäftsführungsbefugnis des Einzelunternehmers
Vertretung (Außenverhältnis: Wer vertritt das Unternehmen nach außen?)	Einzelvertretungsbefugnis des Einzelunternehmers
Haftung	Unbeschränkt, d. h. sie erstreckt sich auf das Privat- und Geschäftsvermögen des Unternehmers
Gewinn- und Verlustverteilung	steht alleine dem Einzelunternehmer zu bzw. muss alleine vom Einzelunternehmer getragen werden.

2.10.2 Offene Handelsgesellschaft (OHG)

Gründung	▪ Zusammenschluss von **mindestens zwei Gesellschaftern** ▪ **Beginn der Gesellschaft** im Innenverhältnis durch den Gesellschaftsvertrag festgelegt, im Außenverhältnis, sobald Gesellschafter Geschäfte im Namen der OHG tätigt (spätestens mit Eintragung ins Handelsregister)
Firma	▪ Es ist eine **Personen-, Sach- oder Fantasiefirma** möglich. ▪ zwingender Rechtsformzusatz: **„offene Handelsgesellschaft"** oder OHG, offene HG, oHG
Kapitalaufbringung	▪ **durch die Gesellschafter** (Kapitalaufbringungspflicht) ▪ **keine Mindesthöhe** der Einlage vorgeschrieben; Art und Höhe der Einlagen richtet sich nach dem Gesellschaftsvertrag. ▪ Falls keine Regelungen im Gesellschaftsvertrag vorhanden sind, müssen die Gesellschafter Beiträge in gleicher Höhe einbringen.
Haftung	Alle Gesellschafter haften ▪ **unmittelbar**: Jeder kann für die Verbindlichkeiten direkt in Anspruch genommen werden. ▪ **unbeschränkt**: volle Haftung mit dem gesamten Vermögen (Geschäfts- und Privatvermögen). ▪ **gesamtschuldnerisch**: Jeder steht für alle Geschäftsschulden ein.
Geschäftsführung (Innenverhältnis)	▪ **Einzelgeschäftsführungsbefugnis für alle gewöhnlichen Geschäftshandlungen** z. B. Wareneinkauf, -verkauf, Einstellung und Entlassung von Arbeitskräften ▪ **Gesamtgeschäftsführungsbefugnis bei außergewöhnlichen Geschäftshandlungen**, z. B. Kauf oder Verkauf von Grundstücken ▪ Geschäftsführungsbefugnis kann durch Gesellschaftsvertrag beschränkt und aufgehoben werden. ▪ Bei Widerspruch eines geschäftsführenden Gesellschafters muss die Vornahme einer Handlung unterbleiben.
Vertretung (Außenverhältnis)	▪ **Einzelvertretungsbefugnis** jedes Gesellschafters, sofern der Gesellschaftsvertrag nicht Gesamtvertretung aller Gesellschafter oder Einzel- bzw. Gesamtvertretung bestimmter Gesellschafter oder Einzelvertretung eines Gesellschafters mit dem Prokuristen vorsieht.

Vertretung (Außenverhältnis)	■ Umfang der Vertretungsmacht ist gegenüber Dritten **unbeschränkt und unbeschränkbar**, d. h. die Vertretungsmacht erstreckt sich auf **alle** Rechtsgeschäfte (gewöhnlich + außergewöhnlich).
Gewinn- und Verlustverteilung	■ Verteilung **nach Vereinbarung im Gesellschaftsvertrag** ■ sonst nach **HGB: 4 % Kapitalverzinsung, Rest nach Köpfen** ■ Verlustverteilung ebenso nach Köpfen

2.10.3 Kommanditgesellschaft (KG)

Gründung	■ Zusammenschluss von mindestens zwei Gesellschaftern, also **mindestens ein Komplementär (Vollhafter) und ein Kommanditist (Teilhafter)** ■ **Beginn der Gesellschaft** im Innenverhältnis durch den Gesellschaftsvertrag festgelegt, im Außenverhältnis, sobald Gesellschafter Geschäfte im Namen der OHG tätigt (spätestens mit Eintragung ins Handelsregister)
Firma	■ Es ist eine **Personen-, Sach-, Fantasie- oder Mischfirma** möglich. ■ zwingender Rechtsformzusatz: **„Kommanditgesellschaft"** oder **KG**
Kapitalaufbringung	■ **durch die Gesellschafter** (Kapitalaufbringungspflicht) ■ **keine Mindesthöhe** der Einlage vorgeschrieben; Art und Höhe der Einlagen richtet sich nach dem Gesellschaftsvertrag.
Haftung	Alle **Komplementäre** (Vollhafter) haften ■ **unmittelbar**: jeder kann für die Verbindlichkeiten direkt in Anspruch genommen werden. ■ **unbeschränkt**: volle Haftung mit dem gesamten Vermögen (Geschäfts- und Privatvermögen). ■ **gesamtschuldnerisch**: jeder steht für alle Geschäftsschulden ein. Alle **Kommanditisten** (Teilhafter) haften nur mit ihrer Kapitaleinlage.
Geschäftsführung (Innenverhältnis)	■ Die **Geschäftsführungsbefugnis** wird von dem **Komplementär** bzw. den Komplementären (gemeinschaftlich wie bei der OHG) ausgeübt. ■ Die **Kommanditisten** sind von der Geschäftsführung ausgeschlossen.

Vertretung (Außenverhältnis)	■ Die **Vertretungsbefugnis** wird von dem **Komplementär** bzw. den Komplementären (gemeinschaftlich wie bei der OHG) ausgeübt. ■ Die **Kommanditisten** sind **von der Vertretung ausgeschlossen**.
Gewinn- und Verlustverteilung	■ nach **HGB: 4 % Kapitalverzinsung, Rest in angemessenem Verhältnis** ■ Verlustverteilung ebenso in angemessenem Verhältnis ■ genaue Regelung im Gesellschaftsvertrag notwendig, da das „angemessene Verhältnis" im HGB nicht genauer beschrieben ist

GmbH & Co. KG

▶ Als Sonderform der KG kann die GmbH & Co. KG bezeichnet werden. Hier fungiert die GmbH als Komplementär (Vollhafter) der KG. Dadurch haftet kein Gesellschafter dieser Rechtsform mit seinem Privatvermögen, da ja die Kommanditisten nur Teilhafter sind.

2.10.4 Gesellschaft mit beschränkter Haftung (GmbH)

Gründung	■ Mindestens ein Gründer (Ein-Mann-GmbH ist möglich) ■ GmbH entsteht erst durch die Eintragung ins Handelsregister
Firma	■ Es ist eine **Personen-, Sach-, Fantasie- oder Mischfirma** möglich. ■ zwingender Rechtsformzusatz: **„Gesellschaft mit beschränkter Haftung"** oder **GmbH**
Kapitalaufbringung	■ **durch die Gesellschafter** (Kapitalaufbringungspflicht) ■ Stammkapital (gezeichnetes Kapital): mindestens 25.000,00 EUR ■ Stammeinlage einzelner Gesellschafter: mind. 1,00 EUR ■ Sonderform der GmbH: Haftungsbeschränkte Unternehmensgesellschaft („Mini-GmbH") – Sie kann bereits mit einem symbolischen Euro gegründet werden („Ein-Euro-GmbH"). – Die Gesellschaft darf ihre Gewinne so lange nicht voll ausschütten, bis das Mindeststammkapital von 25.000,00 EUR erreicht ist. Jedes Jahr müssen mindestens ein Viertel des Gewinns zum Aufbau des Stammkapitals zurückgelegt werden.
Haftung	■ Alle Gesellschafter haften nur mit ihrer Einlage.

Organe	■ Geschäftsführer – hat die Geschäftsführungsbefugnis und die Vertretungsmacht – bei mehr als 2.000 Arbeitnehmern (AN) zusätzlich ein Arbeitsdirektor ■ Aufsichtsrat (AR) – bei GmbH bis maximal 500 AN: kein AR notwendig – bei GmbH von 501 bis 2.000 AN: AR (nach BetrVG) notwendig (Zusammensetzung: $^2/_3$ Gesellschaftervertreter, $^1/_3$ AN-Vertreter, Mindestmitgliederzahl: 3) – bei GmbH über 2.000 AN: AR (nach Mitbestimmungsgesetz) notwendig (Zusammensetzung $^1/_2$ Gesellschaftervertreter, $^1/_2$ AN-Vertreter, Mindestmitgliederzahl: 12, AR-Vorsitzender = Gesellschaftsvertreter mit zweiter Stimme in Pattsituationen) – Aufgaben u. a.: Bestellung, Überwachung und Abrufung des Geschäftsführers ■ Gesellschafterversammlung – oberstes Organ mit erheblich mehr Rechten als vergleichbare HV bei AG – bestellt den Geschäftsführer (bei GmbH mit max. 500 AN) – zwingende Rechte der Gesellschafter: Satzungsänderungen, Auflösung – sonstige Rechte, sofern keine andere Regelung per Satzung getroffen ist: Feststellung Jahresabschluss und Gewinnverwendung, Bestellung von Prokuristen und allgemeinen Handlungsbevollmächtigten, Bestellung und Abberufung des Geschäftsführers (bei max. 500 AN, sonst durch AR)
Geschäftsführung (Innenverhältnis)	■ Der **Geschäftsführer**, der ein Gesellschafter sein kann (geschäftsführender Gesellschafter), aber nicht sein muss (angestellter Geschäftsführer) hat die **Einzelgeschäftsführungsbefugnis**.
Vertretung (Außenverhältnis)	■ Die **Vertretungsmacht** wird vom Geschäftsführer ausgeübt.
Gewinn- und Verlustverteilung	■ ist im Gesellschaftsvertrag zu regeln

2.10.5 Aktiengesellschaft (AG)

Gründung	▪ mindestens ein Gründer ▪ AG entsteht erst durch die Eintragung ins Handelsregister.
Firma	▪ Es ist eine **Personen-, Sach-, Fantasie- oder Mischfirma** möglich.
	▪ zwingender Rechtsformzusatz: **„Aktiengesellschaft"** oder **AG**
Kapitalaufbringung	▪ Der Mindestnennbetrag des Grundkapitals (in der Bilanz: „gezeichnetes Kapital") beträgt 50.000,00 EUR. Es setzt sich zusammen aus den Nennbeträgen der Aktien.
Haftung	▪ Alle Aktionäre haften nur mit ihrer Einlage, also dem Wert ihrer Aktie.
Organe	▪ Vorstand (Leitungsorgan) – Leitung der Gesellschaft unter eigener Verantwortung – Berichterstattung an den Aufsichtsrat ▪ Aufsichtsrat (Überwachungsorgan) – Bestellung und Abberufung des Vorstandes – Überwachung des Vorstandes ▪ Hauptversammlung (Beschlussorgan) – Wahl der Aufsichtsratsmitglieder – Entlastung der Mitglieder des Aufsichtsrates und des Vorstandes – Entscheidung über die Verwendung des Bilanzgewinns – Beschlüsse über Satzungsänderungen, Fusionen, Auflösung und ähnlich elementare Fragen
Geschäftsführung (Innenverhältnis)	▪ Der **Vorstand** führt die Geschäfte der Aktiengesellschaft.
Vertretung (Außenverhältnis)	▪ Der **Vorstand** vertritt das Unternehmen nach außen.
Gewinn- und Verlustverteilung	▪ Der **Vorstand macht Vorschlag** über Gewinnverwendung (z. B. Einbehaltung des Gewinns, um Investitionen zu tätigen oder Ausschüttung in Form einer Dividende an die Aktionäre), die **Hauptversammlung beschließt**, wie der Gewinn verwendet wird.

Die Aktie

- Die Aktie ist eine Urkunde, in der die Mitgliedschaft in der AG verbrieft wird.
- Jede Aktie repräsentiert einen Bruchteil am Grundkapital.
- Der Nennwert einer Aktie ist der auf der Aktie vermerkte Wert. Er wird einmalig festgelegt und bleibt stabil. Der Mindestnennwert einer Aktie beträgt 1,00 EUR.
- Der Kurswert einer Aktie ist der an der Börse gehandelte Preis (Aktienkurs) und unterliegt ständigen Schwankungen.

2.10.6 Eingetragene Genossenschaft (eG)

Gründung	▪ mindestens sieben Gründer ▪ Die Gründer stellen ein Statut (Satzung) auf. Dies bedarf der schriftlichen Form. ▪ Durch die Eintragung in das Genossenschaftsregister entsteht die Genossenschaft als juristische Person und zugleich als Formkaufmann.
Firmierung	▪ Es ist eine **Personen-, Sach-, Fantasie- oder Mischfirma** möglich. ▪ zwingender Rechtsformzusatz: **„eingetragene Genossenschaft"** oder **eG**
Kapitalaufbringung	▪ **Geschäftsanteil** ist der im Statut festgelegte und von den Gesellschaftern einzuzahlende Betrag. Die Mindesteinzahlung beträgt $^1/_{10}$. ▪ **Geschäftsguthaben** ist der eingezahlte Betrag jedes Mitglieds. Gewinne werden so lange zugeschrieben, bis der Geschäftsanteil erreicht ist, Verluste werden entsprechend abgezogen.
Haftung	▪ Ist eine beschränkte Haftsumme im Statut festgelegt, so darf diese nicht niedriger sein als der Geschäftsanteil. Die Risikosumme setzt sich demzufolge aus Geschäftsanteil und Haftsumme zusammen.
Organe	▪ Vorstand (Leitungsorgan) – Leitung der Genossenschaft – Berichterstattung an den Aufsichtsrat ▪ Aufsichtsrat (Überwachungsorgan) – Bestellung und Abberufung des Vorstandes – Überwachung des Vorstandes

Organe	■ Generalversammlung (Beschlussorgan) – Wahl der Aufsichtsratsmitglieder – Entlastung der Mitglieder des Aufsichtsrates und des Vorstandes – Elementare Beschlüsse wie Satzungsänderungen – Abstimmung nach Köpfen, nicht nach Geschäftsanteilen
Ziele	■ Förderung des Erwerbs oder der Wirtschaft ihrer Mitglieder (Genossen) mittels eines gemeinschaftlichen Geschäftsbetriebes ■ Selbsthilfe der Mitglieder durch gegenseitige Förderung ■ Gewinn gehört **nicht** zu den Zielen der Genossenschaft
Arten	■ Beschaffungsgenossenschaften (z. B. Einkaufsgenossenschaften, Kreditgenossenschaften, Verbrauchergenossenschaften) ■ Verwertungsgenossenschaften (z. B. landwirtschaftliche Absatzgenossenschaften, Fischerei- und Fischereiverwertungsgenossenschaften)

3 Menschliche Arbeit im Betrieb

(siehe dazu auch Kapitel D.5 Personalwirtschaft)

3.1 Berufsausbildungsvertrag

Vertragspartner:

- Ausbildender und Auszubildender (bei Minderjährigen: gesetzlicher Vertreter)
- Eintragung in das Verzeichnis der Ausbildungsverhältnisse bei der zuständigen Kammer (z. B. IHK, HWK)

Inhalte nach § 4 BBiG:

- Art, Gliederung und Ziel der Ausbildung
- Beginn und Dauer der Ausbildung
- Ausbildungsmaßnahmen außerhalb der Arbeitsstätte
- Dauer der täglichen Arbeitszeit
- Probezeit (ein bis max. vier Monate → § 20 BBiG)
- Höhe der Ausbildungsvergütung
- Anzahl der Urlaubstage

Rechte des Auszubildenden = Pflichten des Ausbilders	Pflichten des Auszubildenden = Rechte des Ausbilders
– Ausbildung gemäß Ausbildungsziel – Vergütung – Gewährung von Urlaub – Fürsorgepflicht – Freistellung von der Berufsschule – Ausstellung eines Ausbildungszeugnisses – Bereitstellung von Ausbildungs- und Prüfungsmitteln	– Dienstleistungspflicht (Weisungen sind zu befolgen und sorgfältig auszuführen) – Lernpflicht – Berufsschulbesuch – Schweigepflicht über Betriebsgeheimnisse – Führen eines Berichtsheftes

3.2 Arbeitsvertrag

Der Arbeitsvertrag ist ein Dienstvertrag (→ § 611 BGB), durch den sich ein Arbeitnehmer gegenüber seinem Arbeitgeber zur entgeltlichen Arbeitsleistung verpflichtet.

Inhalte:

- Name und Anschrift der Vertragsparteien
- Beginn und evtl. Dauer des Arbeitsverhältnisses
- Arbeitsort
- Bezeichnung der Tätigkeit
- Höhe des Arbeitsentgeltes
- Arbeitszeit
- Anzahl der Urlaubstage
- Kündigungsfristen
- Hinweise auf Tarifverträge bzw. Betriebsvereinbarungen

Pflichten des Arbeitnehmers = Rechte des Arbeitgebers	Rechte des Arbeitnehmers = Pflichten des Arbeitgebers
– Dienstleistungspflicht (Erfüllung der Leistungen aus dem Arbeitsvertrag) – Treuepflicht (Wahrung der Betriebsgeheimnisse, Unterstützung der Unternehmensziele) – Wettbewerbsverbot (keine Konkurrenz für eigenen Arbeitgeber)	– Entgeltzahlung – Gewährung von Urlaub – Fürsorgepflicht – Ausstellen eines Zeugnisses

3.3 Tarifrecht

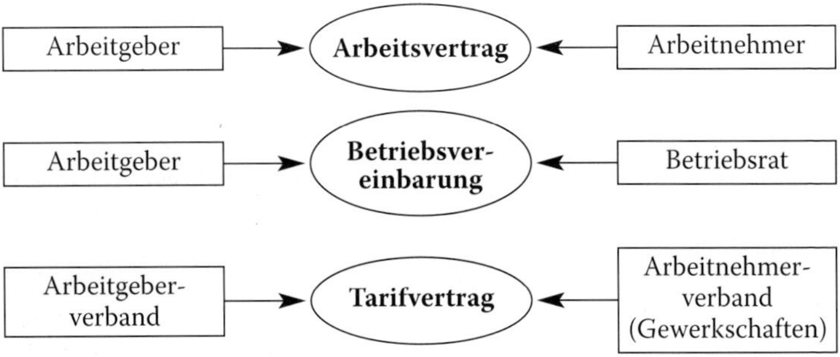

Tarifvertrag:

- Kollektivvereinbarungen für ganze Berufsgruppe einer Branche

Lohn- und Gehaltstarifverträge:

- Regelungen bezüglich des Arbeitsentgelts
- meist kurze Laufzeit (max. zwei Jahre)

Manteltarifverträge:

- regeln allgemeine Arbeitsbedingungen (z. B. über die Arbeitszeit, Anzahl der Urlaubstage u. Ä.)
- haben i. d. R. eine längere Laufzeit von mehreren Jahren

Koalitionsfreiheit:

- Das Grundgesetz (Art. 9) garantiert Arbeitgebern und Arbeitnehmern die Möglichkeit, sich in Interessenverbänden zusammenzuschließen.

Tarifautonomie:

- Die Tarifparteien (Arbeitgeberverband und Gewerkschaft) entscheiden bei dem Abschluss eines Tarifvertrages autonom, d. h. eine Einmischung von außen seitens der Politik ist untersagt.

Tarifbindung:

- Die im Tarifvertrag getroffenen Regelungen gelten als Mindestbedingungen für Arbeitsverträge und Betriebsvereinbarungen.

Allgemeinverbindlichkeitserklärung:

▶ Der Tarifvertrag gilt für alle Arbeitgeber und Arbeitnehmer seines Geltungsbereiches, also auch für Nichtmitglieder, wenn er vom Bundesarbeitsminister auf Antrag einer Tarifvertragspartei für allgemein verbindlich erklärt wurde.

Friedenspflicht:

▶ Während der Laufzeit eines Tarifvertrages sind keine Arbeitskampfmaßnahmen erlaubt.

Ablauf der Tarifverhandlungen

Kommt es zwischen den Tarifparteien zu keiner Einigung, kann entweder ein Schlichter eingeschaltet werden oder es kommt zu Arbeitskampfmaßnahmen.

- Die **Schlichtung** ist ein Verfahren zur Verhinderung bzw. Beilegung von Streitigkeiten, ohne dass es zu Arbeitskampfmaßnahmen kommt. Das Schlichtungsverfahren endet mit dem Einigungsvorschlag des Schlichters (Schiedsspruch). Dieser kann, muss aber nicht akzeptiert werden.
- Der **Streik** ist eine planmäßig durchgeführte, vorübergehende Arbeitsniederlegung einer größeren Zahl von Arbeitnehmern mit dem Ziel, die eigenen Forderungen in den Tarifverhandlungen durchzusetzen. Voraussetzung für einen Streik ist es, dass in einer **Urabstimmung** mindestens 75 % der abstimmungsberechtigten Gewerkschaftsmitglieder einem Streik zustimmen.
- Die **Aussperrung** ist das Gegenmittel der Arbeitgeber gegen einen Streik. Hier werden die Arbeitsverhältnisse einer größeren Zahl von streikenden Arbeitnehmern aufgehoben. Für diese Zeit entfällt die Lohnzahlungspflicht.

3.4 Arbeitsschutzbestimmungen

3.4.1 Jugendarbeitsschutzgesetz

Geltungsbereich: alle Personen, die noch nicht 18 Jahre alt sind. Ab Volljährigkeit gilt das Jugendarbeitsschutzgesetz (auch für Auszubildende) nicht mehr!

Ziel: Schutz der Jugendlichen (unter 18 Jahren) vor gefährlichen Arbeiten

Überwachung: Gewerbeaufsichtsämter, Jugendvertreter, Betriebsrat

Regelungen:

Verbot von Kinderarbeit	▪ Für Kinder (Personen unter 15 Jahren) ist die Beschäftigung verboten.
Ärztliche Untersuchung → §§ 32, 33 JArbSchG Frühester Arbeitsbeginn	▪ Bescheinigung über Erstuntersuchung ▪ Nachuntersuchung (nach einem Jahr) ▪ normalerweise: 6:00 Uhr ▪ Ausnahmen (Bäcker): – ab 16 Jahre: 5:00 Uhr – ab 17 Jahre: 4:00 Uhr
Spätestes Arbeitsende	▪ normalerweise: 20:00 Uhr ▪ Ausnahmen: – Gaststätten: 22:00 Uhr – Mehrschichtbetriebe: 23:00 Uhr
Wochenarbeitszeit → §§ 8, 15 JArbSchG	▪ Fünftagewoche ▪ 40 Stunden ▪ täglich 8 Std., bei früherem Arbeitsschluss an anderen Tagen (z. B. Freitag) auch 8,5 Std.
Freizeit und Pausen → § 11 JArbSchG	▪ 12 Std. ununterbrochene Freizeit (keine Ausnahmen!) ▪ Pausen: – 30 Min. (bei 4,5 – 6 Std. Arbeit) – 60 Min. (bei mehr als 6 Std. Arbeit)
Höchstschichtzeit	▪ grundsätzlich: 10 Std. ▪ Ausnahmen: – Bergbau: 8 Stunden – Landwirtschaft, Bau, Montage: 11 Std.
Urlaub → § 19 JArbSchG	▪ 15-Jährige: mind. 30 Tage Urlaub (Ausnahme Bergbau: 33 Tage) ▪ 16-Jährige: mind. 27 Tage Urlaub (Bergbau: 30 Tage) ▪ 17-Jährige: mind. 25 Tage Urlaub (Bergbau: 28 Tage)
Verbote → §§ 16, 17, 22-24 JArbSchG	▪ Samstagsarbeit (Ausnahmen: Einzelhandel, Friseure, Bäcker, Krankenhäuser, Gaststätten etc.) ▪ Sonntagsarbeit (Ausnahmen: Krankenhäuser, Gaststätten) ▪ Akkordarbeit ▪ Nachtarbeit ▪ gefährliche Arbeiten

Berufsschule, Prüfungen	- Freistellung von der Arbeit zum Zwecke des regelmäßigen Besuchs der Berufsschule - Anrechnung auf Arbeitszeit - Beschäftigungsverbot an ***einem Tag*** in der Woche bei Berufsschulunterricht von mehr als 5 Stunden - Freistellung für Berufsabschlussprüfungen (bei Einzelhandelskfl. für die IHK-Prüfungen) - ein freier Tag unmittelbar vor der Berufsabschlussprüfung

3.4.2 Kündigungsschutzgesetz

Grundsätzlich gilt für alle Kündigungen:

- Kündigungen bedürfen der *Schriftform* (→ § 623 BGB).
- Vor jeder Kündigung ist der *Betriebsrat zu hören*, ansonsten ist die Kündigung unwirksam (BetrVerfG).

Ordentliche (= fristgerechte) Kündigung

Die gesetzlichen Kündigungsfristen sind als Mindestregelungen zu verstehen. Durch Tarifvertrag oder im Arbeitsvertrag kann eine längere Kündigungsfrist vereinbart werden (→ § 622 (4) und (5) BGB).

Gesetzliche Kündigungsfristen (§ 622 BGB):

- Grundkündigungsfrist für Angestellte und Arbeiter:
  4 Wochen zum **15. eines Monats** oder zum **Monatsende**
- verlängerte Kündigungsfristen (§ 622 (2) BGB)
  Die verlängerten Kündigungsfristen gelten ***nur bei Kündigungen durch den Arbeitgeber***. Die Betriebszugehörigkeit (Dauer des Arbeitsverhältnisses) zählt ***erst ab dem 25. Lebensjahr***
  Die verlängerten Kündigungsfristen betragen:
  einen Monat zum Ende des Kalendermonats, wenn das **Arbeitsverhältnis** mind. **zwei Jahre** bestanden hat
  zwei Monate zum Ende des Kalendermonats, wenn das **Arbeitsverhältnis** mind. **fünf Jahre** bestanden hat
  drei Monate zum Ende des Kalendermonats, wenn das **Arbeitsverhältnis** mind. **acht Jahre** bestanden hat
  vier Monate zum Ende des Kalendermonats, wenn das **Arbeitsverhältnis** mind. **zehn Jahre** bestanden hat
  fünf Monate zum Ende des Kalendermonats, wenn das **Arbeitsverhältnis** mind. **zwölf Jahre** bestanden hat

sechs Monate zum Ende des Kalendermonats, wenn das **Arbeitsverhältnis** mind. **fünfzehn Jahre** bestanden hat
sieben Monate zum Ende des Kalendermonats, wenn das **Arbeitsverhältnis** mind. **zwanzig Jahre** bestanden hat

Kündigungsfrist bei Kleinbetrieben:

Für Betriebe mit nicht mehr als 20 Vollzeitbeschäftigten (ohne Auszubildende) kann einzelvertraglich eine Grundkündigungsfrist von vier Wochen zu jedem Zeitpunkt vereinbart werden.

Kündigungsfrist bei Aushilfsverträgen:

Mit diesen Mitarbeitern kann eine beliebige Frist für die beiderseitige Kündigung vereinbart werden (§ 622 Abs. 5 Nr. 1 BGB). Voraussetzung ist, dass das Arbeitsverhältnis auf höchstens drei Monate begrenzt ist. Besteht das Aushilfsarbeitsverhältnis länger als drei Monate, gelten die gesetzlichen Kündigungsfristen.

Kündigungsfrist in der Probezeit:

- Arbeitsverträge
  Kündigungsfrist: zwei Wochen (→ § 622 (3) BGB); Probezeit: maximal sechs Monate
- Ausbildungsverhältnisse
  Probezeit: keine Kündigungsfrist; Probezeit: maximal vier Monate (→ § 20 BBiG)

Der letzte Tag der Probezeit gilt als Stichtag für den Zugang der Kündigung. Die Kündigung kann ohne Angabe von Gründen erfolgen.

Außerordentliche Kündigung

Voraussetzung (§ 626 BGB): Ein wichtiger Grund liegt vor, d. h. schwerwiegender Verstoß gegen die Hauptpflichten aus dem Arbeitsvertrag, mit der Folge, dass die Fortsetzung des Arbeitsverhältnisses unzumutbar ist.

Beispiele: *grobe Beleidigung, Diebstahl, Betrug, Verrat von Betriebsgeheimnissen, Tätlichkeit, ausbleibendes Arbeitsentgelt, fehlende Arbeitsschutzmaßnahmen, sexuelle Belästigung*

Je nach Kündigungsgrund ist für die außerordentliche Kündigung aber ***evtl. eine vorherige Abmahnung notwendig***, um einer Überprüfung vor dem Arbeitsgericht standzuhalten. Dies wäre beispielsweise der Fall bei einer Kündigung wegen häufiger Unpünktlichkeit, der Weigerung, Arbeitsschutzvorschriften zu beachten, der Weigerung, die vertraglich übernommene Arbeit zu erbringen u. Ä.
Die Kündigung muss ***spätestens zwei Wochen nach Bekanntwerden des wichtigen Grundes*** erfolgen. Der Kündigungsgrund kann also nicht für eine spätere Kündigung „aufgespart" werden.

Das Kündigungsschutzgesetz (KSchG)

- schützt die Arbeitnehmer vor ungerechtfertigten Kündigungen und Willkür der Arbeitgeber
- greift nur bei ordentlichen Kündigungen, nicht bei außerordentlichen Kündigungen
- unterscheidet zwischen dem allgemeinen Kündigungsschutz und dem besonderen Kündigungsschutz
- gilt erst ab einer Beschäftigungsdauer von mehr als sechs Monaten
- wird nicht bei Kleinbetrieben mit bis zu zehn vollzeitbeschäftigten Arbeitnehmern (ohne Auszubildende) angewandt

Allgemeiner Kündigungsschutz

Nach dem Kündigungsschutzgesetz (KSchG) muss jede Kündigung **sozial gerechtfertigt** sein, d. h. es muss **entweder**

- ein Grund in der **Person** oder im **Verhalten** des Arbeitnehmers vorliegen (Bsp.: unzureichende Arbeitsleistung, Weigerung, gesetzlich erlaubte und zumutbare Mehrarbeit zu leisten, Verletzung der Anzeige- und Nachweispflichten im Krankheitsfall, unerlaubter Alkoholgenuss während der Arbeitszeit, häufige Krankheiten; je nach Sachlage ist evtl. eine vorherige **Abmahnung** erforderlich!)

oder

- es müssen **dringende betriebliche Erfordernisse** (z. B. Auftragsmangel) gegeben **und soziale Gesichtspunkte** (Betriebszugehörigkeit, Alter, Unterhaltspflichten) ausreichend berücksichtigt worden sein (Arbeitgeber kann bei Sozialauswahl Arbeitnehmer weglassen, die wegen ihrer Kenntnisse und Leistungen für das Unternehmen besonders wichtig sind)

und

- die Beschäftigung an einem anderen Arbeitsplatz darf nicht möglich sein

und

- der Betriebsrat darf der Kündigung nicht schriftlich widersprochen haben

Besonderer Kündigungsschutz

Schutz folgender Personengruppen:

- Betriebsräte, Jugend- und Auszubildendenvertreter (Zustimmung des Betriebsrats erforderlich, ersatzweise Arbeitsgericht)
- Behinderte (Zustimmung der Hauptfürsorgestelle erforderlich)
- Schwangere: Während der Schwangerschaft und vier Monate nach der Geburt unkündbar
- Personen im Erziehungsurlaub: unkündbar
- Wehr-/ Zivildienstleistende: unkündbar
- Auszubildende: nach der Probezeit unkündbar

3.4.3 Mutterschutzgesetz

Beschäftigungsverbot

- sechs Wochen vor bis acht Wochen nach der Entbindung
- Beschäftigungsverbot bei Gefahr für Mutter und Kind

Kündigungsschutz

- während der Schwangerschaft bis vier Monate nach der Entbindung
- während des Erziehungsurlaubs (bis drei Jahre nach der Geburt)

Sonstige Verbote

- schwere körperliche Arbeiten
- Fließbandarbeit
- Akkordarbeit
- Nacht-, Sonn- und Feiertagsarbeit

3.5 Mitwirkung und Mitbestimmung der Arbeitnehmer

Betriebsverfassungsgesetz (BVG):

▶ beinhaltet die wichtigsten Regelungen zur Mitwirkung und Mitbestimmung der Arbeitnehmer

Betriebsrat:

▸ Vertretung der Arbeitnehmer gegenüber dem Arbeitgeber

Jugend- und Auszubildendenvertretung:

▸ Vertretung der Belange der Jugendlichen und Auszubildenden (§§ 60 ff. BVG)

Betriebsversammlung:

▸ Versammlung aller Arbeitnehmer eines Betriebes. Sie ist vom Betriebsrat einzuberufen und wird vom Betriebsratsvorsitzenden geleitet. Auch der Arbeitgeber hat ein Teilnahme- und Rederecht.

Betriebsausschuss:

▸ Wird gebildet, wenn der Betriebsrat mindestens neun Mitglieder umfasst (§ 27 BVG)

Betriebvereinbarung:

▸ Vereinbarung auf betrieblicher Ebene zwischen Arbeitgeber und Betriebsrat

Einigungsstelle:

▸ Zur Beilegung von Meinungsverschiedenheiten zwischen Arbeitgeber und Betriebsrat (§ 76 BVG)

Rechte des Betriebsrates

- **Informationsrecht:** Der ***Betriebsrat hat das Recht***, über die wirtschaftliche Lage des Betriebes, die Personalplanung sowie geplante betriebliche Veränderungen (z. B. Betriebsstilllegungen, Betriebsverlagerungen, Zusammenschlüsse oder Rationalisierungsmaßnahmen) rechtzeitig ***informiert zu werden***.
- **Mitwirkungsrecht:** Der ***Betriebsrat kann unter bestimmten Voraussetzungen die Zustimmung*** bei bestimmten personellen Einzelmaßnahmen (z. B. Einstellung, Kündigung, Versetzung, Eingruppierung) ***verweigern bzw. Widerspruch einlegen***. Bei Nichteinigung zwischen Betriebsrat und Unternehmensleitung entscheidet das Arbeitsgericht.
- **Mitbestimmungsrecht:** Bei einer Reihe von Maßnahmen (z. B. soziale Angelegenheiten wie Betriebsordnung, Arbeitszeiten, Pausenregelungen, Urlaubsplan u. Ä., betriebliche Bildungsmaßnahmen, Personalfragebögen und Beurteilungsgrundsätze, Sozialplan bei geplanten Betriebsänderungen) ist die ***Zustimmung des Betriebsrates notwendig***. Der Betriebsrat ist hier gleichberechtigt zur Unternehmensleitung.

3.6 Handlungsvollmacht und Prokura

Handlungsvollmacht (→ § 54 HGB)

- Zeichnungsberechtigung für alle gewöhnlichen Rechtshandlungen eines Handelsgewerbes
- Erteilung durch Kaufleute i. S. d. HGB, Nichtkaufleute oder Prokuristen, mündlich, schriftlich oder stillschweigend
- kein Eintrag ins Handelsregister
- Zeichnung mit i. A. (Einzelvollmacht oder Artvollmacht) und i. V. (Artvollmacht oder Gesamtvollmacht)
- Beendigung durch Auflösung des Arbeitsvertrages, Widerruf der Vollmacht, Geschäftsauflösung
- Arten:

Allgemeine Handlungsvollmacht (Gesamtvollmacht)	Artvollmacht	Einzelvollmacht
Vollmacht für alle gewöhnlichen Rechtshandlungen der Branche	Vollmacht für bestimmte Arten wiederkehrender, gewöhnlicher Rechtsgeschäfte (z. B. Einkäufer, Verkäufer, Buchhalter)	Vollmacht für ein einzelnes Rechtsgeschäft (z. B. Vollmacht einmalig Geld auf der Bank abzuheben)

Prokura (→ §§ 48 ff. HGB)

- Zeichnungsberechtigung für alle gewöhnlichen und außergewöhnlichen Rechtshandlungen eines Unternehmens (Ausnahmen: Aufnahme neuer Gesellschafter, Auflösen der Gesellschaft, Unterzeichnung von Bilanz und Steuererklärung → nur durch Geschäftsinhaber)
- Einschränkungen der Prokura gegenüber Dritten sind grundsätzlich nicht möglich.
- Erteilung nur durch Kaufleute i. S. d. HGB, mündlich oder schriftlich mittels ausdrücklicher Erklärung
- Eintragung ins Handelsregister ist notwendig (deklaratorische Wirkung).
- Zeichnung mit ppa = „per procura"
- Beendigung durch Auflösung des Arbeitsvertrages, Widerruf der Vollmacht, Geschäftsauflösung, allerdings nicht bei Tod des Geschäftsinhabers

- Arten:

Einzelprokura	Gesamtprokura	Filialprokura
Der Prokurist ist alleine vertretungsberechtigt.	Gemeinsame Vertretung von mehreren Prokuristen	Die Prokura ist auf eine Filiale oder einen abgegrenzten Bereich des Unternehmens begrenzt.

3.7 Sozialversicherungen

(siehe dazu auch Kapitel D.5.6 Gehaltsabrechnung)

Versicherungsart	Träger	Leistungsfall	Leistungen
Krankenversicherung	Krankenkassen	Krankheit, Schwangerschaft	ärztliche und zahnärztliche Behandlung, Krankengeld, Rehabilitation, Arzneimittel, Mutterschaftsgeld, stationäre Behandlung (Krankenhaus)
Pflegeversicherung	Pflegekasse der jeweiligen Krankenkasse	Pflegebedürftigkeit (Pflegestufen 1–3)	Pflegegeld, stationäre Pflege
Unfallversicherung	Berufsgenossenschaft, Gemeindeunfallversicherungsverbände	Arbeitsunfall, Wegeunfall, Berufserkrankung	Arbeitsschutzmaßnahmen, Rehabilitation, BU-Renten, Witwen- und Waisenrente
Arbeitslosenversicherung	Bundesagentur für Arbeit	Berufslosigkeit, Arbeitslosigkeit	Berufsberatung, Arbeitsvermittlung, Insolvenzausfallgeld, Kurzarbeitergeld, Arbeitslosengeld I und II
Rentenversicherung	Deutsche Rentenversicherung	Alter, Erwerbsunfähigkeit	Altersrente, Witwen- und Waisenrente

Alle Sozialversicherungen mit Ausnahme der Unfallversicherung werden i. d. R. von Arbeitgeber und Arbeitnehmer zu je 50 % getragen (Ausnahme: Pflegeversicherung: Kinderlosenzuschlag 0,25 % nur vom Arbeitnehmer ab dem 23. Lebensjahr; Krankenversicherung: 0,9 % Sonderbeitrag nur Arbeitnehmer). Die Unfallversicherung trägt der Betrieb allein. Die genaue Berechnung der Sozialversicherungsbeiträge entnehmen Sie bitte dem Kapitel D.5.6.

4 Arbeitssicherheit und Umweltschutz

4.1 Sicherheit und Gesundheitsschutz bei der Arbeit

Arbeitsschutz:

▶ Bestimmungen, Vorschriften, Maßnahmen, welche dem Schutz der Arbeitskraft dienen

Der arbeitende Mensch ist bestimmten Gefahren ausgesetzt. Diese liegen in den

- ***Arbeitsbedingungen***, denen der Mensch unterworfen ist (Monotonie, einseitige Belastung, Körperhaltung, Arbeitstempo)
- ***Umgebungsbedingungen*** (Lärm, Licht, Staub, Öl, Gase)
- ***technischen Betriebseinrichtungen*** (z. B. Förderband, Gabelstapler, Werkzeuge)
- ***persönlichen Bedingungen*** (Alter, Unerfahrenheit, gesundheitlicher Zustand, familiäre Belastung, Schwangerschaft, Müdigkeit)

Die aus dem Arbeitsvertrag resultierende Fürsorgepflicht des Arbeitgebers ist die umfassendste Rechtsgrundlage für eine risikomindernde Gestaltung des Arbeitsplatzes, der Arbeitsstätte und der Umgebung.

Gewerbeordnung

Nach § 120 GewO ist der Arbeitgeber verpflichtet, Arbeitsräume, Betriebsvorrichtungen, Maschinen und Gerätschaften so zu unterhalten und den Betriebsablauf so zu regeln, dass der Arbeitnehmer weitestgehend geschützt ist. Für genügend Licht, Luft und Abfallbeseitigung ist zu sorgen.
§ 62 HGB enthält eine ähnliche Bestimmung zum Schutz des kaufmännischen Angestellten. Auch aus dem JArbSchG (§ 28) ergeben sich entsprechende Pflichten des Arbeitgebers.

Arbeitsstättenverordnung

Sie verfeinert die allgemein gehaltenen Bestimmungen der Gewerbeordnung und enthält Vorschriften über die Beschaffenheit von Arbeitsplätzen und -räumen, über Beleuchtung, Temperatur, Anforderungen an sanitäre Einrichtungen u. Ä., z. B.

- Temperatur in Büroräumen 20 °C
- Temperatur in Verkaufsräumen 19 °C

■ Lärmpegel	höchstens 70 dB(A)
■ Fußböden	eben und rutschhemmend
■ Flächenbedarf für Büro-Arbeitsplatz	8–10 m^2
■ Beleuchtungsstärke	etwa 800 Lux

Die **Gewerbeaufsichtsämter** kontrollieren die Einhaltung der gesetzlichen Vorschriften über den sozialen Arbeitsschutz und die technischen Einrichtungen.

Unfallverhütungsvorschriften

- werden von den **Berufsgenossenschaften** erlassen,
- über **technische Aufsichtsbeamte** der Berufsgenossenschaften kontrolliert,
- branchenunabhängig ausgelegt und
- sind vom Unternehmer an geeigneter Stelle im Betrieb auszulegen oder auszuhängen.

Maßnahmen zur Unfallverhütung

- Den größten Beitrag zur Unfallverhütung bringt die **Beachtung der Vorschriften** zum Arbeitsschutz und der Unfallverhütung.
- Weiterbildung von einem/mehreren Mitarbeitern zur **Fachkraft für Arbeitssicherheit**
- Bestellung eines **Sicherheitsbeauftragten** durch den Arbeitgeber
- Betriebsärzte und staatliche Landesgewerbeärzte beraten die Betriebe bei der Verbesserung der Gesundheitsvorsorge **(Gewerbehygiene)**.
- Einstellung eines **Betriebsarztes** (ab einer bestimmten Unternehmensgröße)
  - erste Anlaufstelle für Unfälle/Erkrankungen im Zusammenhang mit der Arbeit
  - kein behandelnder Arzt
- Erstellung eines **Infoblattes mit allen wichtigen Daten** (nächster Verbandskasten, nächstes Krankenzimmer, Telefonnummer für Betriebsarzt, Pförtner [Anfahrt Krankenwagen], Fachkraft für Arbeitssicherheit). Dieses Blatt wird für jede Abteilung gesondert erstellt, an alle Mitarbeiter ausgegeben und ausgehändigt.

Brandverhütungsvorschriften

Der Bundesverband der Unfallversicherungsträger der öffentlichen Hand e. V. (BAGUV), der Bundesverband der Deutschen Industrie (BDI) sowie der

Verband der Sachversicherer (VdS) haben gemeinsam die Vorschriften zur Brandverhütung erarbeitet.

- Im Rahmen von **Baugenehmigungsverfahren** wird sichergestellt, dass der Feuerwehr im Brandfall ein sicheres Arbeiten möglich ist.
- Arbeitsstätten sind mit entsprechenden **Brandschutzeinrichtungen** zu versehen:
  - Rauchmelder
  - amtlich geprüfte und zugelassene Feuerlöschgeräte
  - frei zugängliche Notausgänge
- besondere gesetzliche Regelungen für gefährdete Bereiche wie z. B. Verordnung über brennbare Flüssigkeiten (VbF), Garagenverordnung u. Ä.

4.2 Umweltschutz

Prinzipien des Umweltschutzes

- **Vorsorgeprinzip:** Abfallvermeidung vor Abfallbeseitigung
- **Verursacherprinzip:** Verursacher der Umweltbelastung haftet für die entstehenden Kosten
- **Gemeinlastprinzip:** Verursacher der Umweltbelastung nicht ermittelbar → dieAllgemeinheit haftet
- **Zukunftsprinzip:** Erschließung umweltverträglicher Wachstumsmöglichkeiten

Kreislaufwirtschafts- und Abfallgesetz

- **Zweck des Gesetzes** (§ 1): Förderung der Kreislaufwirtschaft zur Schonung der natürlichen Ressourcen und Sicherung der umweltverträglichen Beseitigung von Abfällen
- **Geltungsbereich** (§ 2): Vermeidung, Verwertung und Beseitigung von Abfällen
- **Grundsätze der Kreislaufwirtschaft** (§ 4 f.): Vermeidung von Abfällen geht vor Verwertung, Verwertung von Abfällen geht vor Beseitigung.
- **Ziel:** „Kreislaufwirtschaft", d. h. „Wiederverwertungsgesellschaft" statt „Wegwerfgesellschaft"

Recycling

Unter Recycling versteht man eine möglichst lückenlose Rückführung von Materialien, Produkten und Abfällen als Güter oder Wertstoffe in den Produktions- und Verbrauchsprozess mit möglichst geringer Umweltbelastung.

Formen:

- ***Wiederverwendung*** (z. B. Pfandflaschen)
- ***Wiederverwertung***, d. h. Auflösung des Materials und Herstellung des gleichen Produkts (z. B. werden aus dem zerbrochenen Glas in den Glascontainern wieder neue Flaschen hergestellt)
- ***Weiterverwertung***, d. h. Auflösung des Materials und Herstellung eines anderen Produkts (z. B. werden aus dem Gummi von Altreifen Schuhsohlen produziert)

Rationelle Energieverwendung

- Erneuerung und richtige Anpassung der Licht-, Kraft- und Heizungsanlagen an den täglichen Bedarf
- energiesparende Baumaßnahmen (z. B. Wärmedämmung an Gebäuden)
- Energiepreise als Mittel zur Förderung des Energiesparwillens (z. B. „Öko-Steuer")
- langfristige, grundlegende Umstrukturierung der Energieverbrauchsgeräte und -anlagen (z. B. Umstellung der Heizungen von Öl auf Strom aus alternativen Energiequellen, z. B. aus gebündeltem Sonnenlicht, das ohne Verluste in einem Wasserstoff-Energie-Speicher gespeichert wird oder Energie aus Biomasse u. Ä.)
- Installation von Ersatz- und Ergänzungsenergieverbrauchsgeräten (z. B. Solarzellen, Wärmepumpen, Windkraftanlagen), um den Verbrauch des natürlichen Rohstoffs so weit wie möglich zu senken
- Entwicklung von sicheren, preiswerten und umweltfreundlichen Ersatzenergieträgern

Umwelt-Controlling

Alle relevanten Informationen zur ökologischen Situation eines Unternehmens werden gesammelt. Hieraus werden Verbesserungen abgeleitet, die dem Umweltschutz dienen und die Akzeptanz des Unternehmens in der Öffentlichkeit erhöhen. Weiterhin soll das ökonomische Risiko durch wirtschaftliche Sanktionen (Ordnungsgelder, Stilllegungsverfügungen) durch Nichtbeachtung des geltenden Umweltrechts minimiert werden.

Öko-Audit

Mit dem Öko-Audit als Bestandteil einer Qualitätsmanagement-Zertifizierung wird festgestellt, ob das Managementsystem alle ökologischen Gefahrenquellen berücksichtigt, die notwendigen Anweisungen dokumentiert hat und die entsprechenden Umweltvorschriften in allen betroffenen Bereichen eingehalten werden.

Qualitatives statt quantitatives Wachstum

Durch qualitatives, statt auf Verschwendung und Überfluss ausgerichtetes quantitatives Wachstum werden die Wachstumsgrenzen verändert. Neue, innovative, rohstoff- und energiesparendere Produkte und Verfahren lösen zunehmend minderwertige, umweltbelastende, nicht reparaturfähige Güter ab, weil die Verbraucher immer umweltbewusster kaufen.

B Kaufmännische Handelstätigkeit

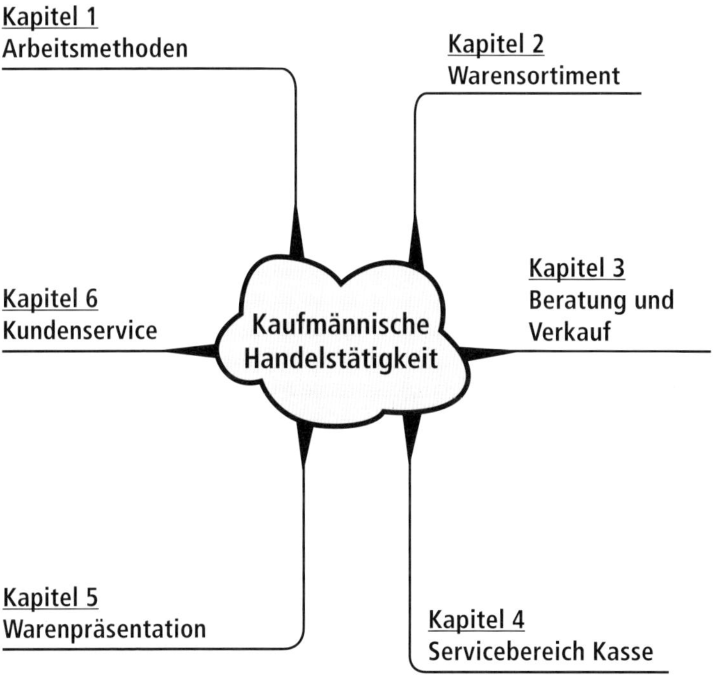

1 Arbeitsmethoden

1.1 Informationen beschaffen und auswerten

Für ein erfolgreiches Bestehen in der heutigen Berufswelt ist es wichtig, sich Informationen zu beschaffen und diese sinnvoll auswerten zu können. Mitarbeiter im Einzelhandel benötigen z. B. für erfolgreiche Verkaufsgespräche umfangreiche Warenkenntnisse. Diese sind für eine überzeugende Argumentation notwendig, unterstützen die Warenpräsentation und ermöglichen eine problemorientierte Fachberatung der Kunden.

Informationen beschaffen

Unternehmensinterne Informationsquellen	Unternehmensexterne Informationsquellen
■ Lieferantendatei (Produkte, Dienstleistungen) ■ Kundendatei (Privatkunden, Firmenkunden) ■ Artikeldatei (genaue Daten einzelner Produkte) ■ Verkaufsstatistik (z. B. Daten über die Umsätze der einzelnen Waren und Warengruppen) ■ Auswertung von Kundengesprächen	■ Produktinformationen der Hersteller ■ Fachzeitschriften und Fachbücher ■ Beobachtung und Analyse der Konkurrenz ■ Internet ■ Messen und Ausstellungen (z. B. Consumenta in Nürnberg) ■ Behörden (z.B. Bundeswirtschaftsministerium) ■ Kammern (z. B. Industrie- und Handelskammer) ■ Verbände (Arbeitgeberverbände, Gewerkschaften) ■ Statistische Ämter (z. B. Statistisches Bundesamt) ■ unabhängige Institute (z. B. Gesellschaft für Konsumforschung GfK in Nürnberg) ■ Universitäten und Fachhochschulen

Recherchieren im Internet

- Das Internet ist ein weltweites Kommunikations- und Informationsnetz.
- Es ermöglicht die Datenkommunikation zwischen einem Einzelhändler und anderen Wirtschaftsteilnehmern.

- Es kann multimediale Dokumente (Texte, Grafiken, Bilder, Klangfolgen) übertragen.
- Web-Dokumente können mittels eines ***Web-Browsers*** (z. B. Internet Explorer oder Netscape Navigator) aufgerufen und geöffnet werden.
- Internet-Dokumente werden in der Sprache ***HTML*** erstellt.
- Für den Internetzugang wird ein ***Provider*** (z. B. AOL, T-Online u. a.) benötigt.
- wichtige Internetdienste:
  - World Wide Web (WWW)
  - E-Mail
  - Newsgroups
  - Chat

Eine Vielzahl von ***Suchmaschinen*** hilft dem Anwender, in den riesigen Informationsbeständen des Internets die benötigen Informationen zu finden:

www.yahoo.de	www.altavista.de	www.google.de	www.web.de
www.fireball.de	www.netguide.de	www.lycos.de	www.blitzsuche.de

Nutzung einer Suchmaschine

1. Eingabe des Suchbegriffs bzw. der Suchkriterien in das vorgesehene Texteingabefeld.
2. Optionen angeben (z. B. nur deutschsprachige Seiten suchen)
3. Suche absenden
4. Informationen auswählen

Intranet

- ist ein geschlossenes Netzwerk im Internet
- Zugang nur für einen bestimmten Kreis von Nutzern mit Zugangsberechtigung
- dient insbesondere der unternehmensweiten Kommunikation über das Internet

Informationen verarbeiten

Wie können aus einem Sachtext die wichtigsten Informationen herausgearbeitet werden?

Das Wichtigste unterstreichen (Kernbegriffe, Wortgruppen, Sätze)	Den Inhalt möglichst knapp herausschreiben (exzerpieren) → Exzerpt
Zweck: – intensiveres Lesen des Textes – besseres Verständnis – Hervorheben der wichtigsten Inhalte beschleunigt das Erfassen des Inhalts bei erneutem Lesen	Verfahren: – Text lesen und markieren – sinnvolle Abschnitte bilden – Sätze mit den Kernaussagen des Abschnittes formulieren

Markierungsregeln (nach Klippert: Methodentraining, Weinheim/Basel 1996, S. 107)

1. Arbeitsmittel bereitlegen
2. Text grob überlesen
3. Wichtige Stellen zunächst mit Bleistift unterstreichen
4. Schlüsselbegriffe herausfinden und mit gelbem Textmarker markieren
5. Nebeninformationen mit dünnem, rotem Stift markieren
6. Schlüsselbegriffe geordnet auf gesonderten Zettel schreiben und überprüfen, ob damit die wichtigsten Informationen abgerufen werden können

1.2 Kommunikation

Die menschliche Kommunikation ist sehr vielschichtig und komplex. Oftmals resultieren Kommunikationsstörungen daraus, dass die Kommunikationspartner aneinander vorbeireden, d. h. auf unterschiedlichen Kommunikationsebenen miteinander kommunizieren. Die Lösung dieser Kommunikationsstörungen kann dadurch gelingen, dass man sich die unterschiedlichen Aspekte der kommunizierten Botschaft bewusst macht. Als Modell der Kommunikationsdiagnose kann das Modell von Schulz von Thun dienen.

Kommunikationsmodell nach Schulz von Thun („Die vier Seiten einer Nachricht")

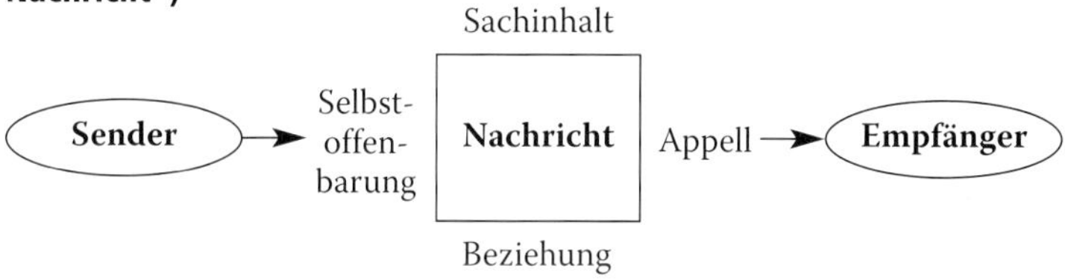

Sachinhalt: Wie ist der Sachinhalt zu verstehen?
Selbstoffenbarung: Was ist das für einer? Was ist mit ihm?
Beziehung: Wie redet der mit mir? Was hält er von mir?
Appell: Was erwartet er von mir? Was soll ich seiner Meinung nach tun, denken, fühlen?

Beispiel:

Chef: „Finden Sie nicht, dass Sie Defizite im Umgang mit der Kasse haben?"

Sachinhalt: „Sie haben Defizite im Umgang mit der Kasse."
Selbstoffenbarung: „Ich bin enttäuscht von Ihren Fähigkeiten."
Beziehung: „Ich halte Sie für einen unfähigen Auszubildenden."
Appell: „Tun Sie etwas gegen Ihre Defizite im Umgang mit der Kasse!"

Welchen der vier Aspekte der Empfänger nun auswählt, um darauf zu reagieren, ist seine freie Wahl. Reagiert er auf einen Aspekt, den der Sender gar nicht kommunizieren wollte, können Konflikte entstehen. Für das obige Beispiel könnte das heißen: Der Chef will an den Auszubildenden appellieren, der Auszubildende hört aber vor allem den Beziehungsaspekt und reagiert beleidigt. Dies interpretiert wiederum der Chef als Weigerung, seinen Appell ernst zu nehmen.

Feedback-Regeln

Gelungene Kommunikation lebt davon, dass sich die Kommunikationspartner auch hin und wieder ein offenes Feedback geben können. Beim Geben und Empfangen von Feedback sind allerdings eine Reihe von Regeln zu beachten.

Feedbacknehmer	Feedbackgeber
Vorgehensweise:	Vorgehensweise:
1. Hören Sie aufmerksam zu und unterbrechen Sie den Feedbackgeber nicht!	1. Vergewissern Sie sich, ob Ihr Gegenüber für ein Feedback bereit ist.

Feedbacknehmer	Feedbackgeber
2. Verteidigen und rechtfertigen Sie sich nicht, sondern lassen Sie das Feedback auf sich wirken.	2. Beschreiben Sie Ihre subjektiven Wahrnehmungen konkret, nachvollziehbar und ohne Wertung als Ich-Botschaften!
3. Machen Sie sich – auch als Zeichen der Wertschätzung für den Feedbackgeber – Notizen, wenn das Feedback etwas ausführlicher ist!	3. Äußern Sie auch Ihre Gefühle. 4. Äußern Sie höflich und klar, kurz und bündig Ihre Wünsche für das Verhalten des Feedbacknehmers
4. Fragen Sie nach, wenn Sie etwas nicht verstehen!	
Wichtig: ■ Prüfen Sie, ob Sie für ein Feedback bereit sind! ■ Nutzen Sie die Chance zu erfahren, wie Sie auf andere wirken! ■ Seien Sie dankbar für ein Feedback! Sehen Sie es als Möglichkeit, sich selbst weiterzuentwickeln!	Wichtig: ■ Geben Sie nur ein Feedback, wenn Ihr Gegenüber auch dazu bereit ist! ■ Schauen Sie Ihrem Gegenüber beim Geben des Feedbacks in die Augen! ■ Verletzen Sie niemals das Selbstwertgefühl des Feedbacknehmers!

1.3 Teamarbeit

Regeln für die erfolgreiche Teamarbeit

- Die Ziele der Teamarbeit und die Vorgehensweise werden gemeinsam festgelegt.
- Die zu bewältigenden Aufgaben werden fair auf alle Gruppenmitglieder verteilt.
- Jedes Teammitglied bringt sich aktiv und konstruktiv in die Teamarbeit ein.
- Alle Teammitglieder werden laufend über den Stand der Arbeit informiert.
- Jedes Teammitglied hält sich an getroffene Absprachen.
- Jedes Teammitglied übernimmt Verantwortung für das Erreichen des Gruppenergebnisses.
- Jedes Teammitglied bringt seine Meinung offen ein und akzeptiert die Meinung der anderen Teammitglieder. Weichen die Meinungen voneinander ab, versuchen alle Teammitglieder einen gemeinsamen Kompromiss zu finden.

- Konstruktive Kritik ist erwünscht, wird sachlich geäußert, ohne einzelne Teammitglieder persönlich anzugreifen oder deren Selbstwertgefühl zu verletzen.
- Treten im Team Spannungen auf, hat die Auflösung des Konflikts Vorrang vor der zu bewerkstelligenden Arbeit (→ Konfliktmanagement).

Konfliktmanagement

Konfliktursachen

- Kommunikationsprobleme (→ Kapitel B. 1.2 Kommunikation)
- Hierarchiekonflikte (z. B. Machtkämpfe zwischen Mitarbeitern)
- Verteilungskonflikte (z. B. Konflikt um Verteilung von Ressourcen)
- Kooperations- und Koordinationskonflikte (z. B. Anweisungen unterschiedlicher Führungskräfte widersprechen sich)
- persönliche und soziale Konflikte (z. B. Rollenkonflikt eines neuen Vorgesetzten mit seinen ehemaligen Kollegen)
- Wertekonflikte (z. B. Kollegen haben unterschiedliche Vorstellungen von Ordnung am Arbeitsplatz)

Konfliktparteien

▸ Konfliktparteien können einzelne Personen, Personengruppen (z. B. ein Projektteam), Abteilungen oder das Unternehmen als Ganzes sein.

Maßnahmen zur Konfliktprävention

- Beachtung der Regeln der Teamarbeit (s. o.)
- klare Einhaltung von gemeinsam getroffenen Vereinbarungen
- Kompromissbereitschaft trainieren und praktizieren
- potenzielle Konfliktursachen bei Personalauswahl und Teamzusammenstellungen berücksichtigen

Maßnahmen zur Konfliktbehandlung (Konfliktlösungsstrategien)

▶ Führen von Konfliktgesprächen mit dem Ziel, Einsichten zu vermitteln und eine Verhaltensänderung der Konfliktparteien zu erreichen

1. Schritt: Wahrnehmung des Konflikts durch möglichst genaue Definition der Streitpunkte
2. Schritt: gemeinsame Identifikation der Problemursachen
3. Schritt: gemeinsame Diskussion von Lösungsmöglichkeiten
4. Schritt: zeitlich und inhaltlich konkrete Festlegung von Zielen und Maßnahmen zur Konfliktlösung als Ergebnis eines gemeinsamen Kompromisses der Konfliktparteien

Im Fall von schwerwiegenden Konflikten empfiehlt es sich, einen neutralen, evtl. sogar unternehmensexternen Moderator einzuschalten.

2 Warensortiment

2.1 Sortimentsgestaltung

▶ Das Sortiment ist die Gesamtheit aller Waren und Dienstleistungen, die ein Einzelhändler anbietet. Ein an den Bedürfnissen der Kunden orientiertes Sortiment ist für den Erfolg eines Einzelhandelsgeschäftes von entscheidender Bedeutung.

2.1.1 Sortimentsaufbau

Sortimentspyramide	Erläuterungen	Beispiele
Fachbereich	Branche	Lebensmittel
Warengruppe	verschiedene Warenarten mit ähnlicher Verwendung	Konserven
Warenart	Artikel mit ähnlicher Verwendung oder Zusammensetzung	Gemüsekonserven
Artikel	bestimmte Artikel einer Warengruppe	Erbsen
Sorte	spezielles Produkt nach Marke, Größe, Farbe, Gewicht …	Erbsen, sehr fein, 500 g

2.1.2 Sortimentsumfang

Bezeichnungen	Erklärungen	Beispiele
Sortimentsbreite		
▪ breites Sortiment	viele Warengruppen	Warenhaus
▪ schmales Sortiment	Beschränkung auf eine oder wenige Warengruppen	Lebensmittelfachgeschäft
Sortimentstiefe		
▪ tiefes Sortiment	große Auswahl an Artikeln innerhalb einer Warengruppe	„Wurstecke" mit 50 verschiedenen Wurstsorten
▪ flaches Sortiment	geringe Auswahl an Artikeln innerhalb einer Warengruppe	Supermarkt bei Schreibwaren

2.1.3 Sortimentsstruktur

Bezeichnungen	Erklärungen	Beispiele
▪ Kernsortiment	typische Artikel für den Hauptumsatz, welche das ganze Jahr über angeboten werden	Lebensmittel im Supermarkt
▪ Randsortiment	Ergänzung des Kernsortiments mit branchenfremden Waren	Bücher im Supermarkt
▪ Saisonsortiment	Artikel werden nur zu bestimmten Zeiten angeboten	Schokoladeosterhasen, Schultüten
▪ Auslaufsortiment	Restbestände, die nicht weiter angeboten werden	Auslaufmodelle
▪ Probesortiment	neue Artikel, die in ein bestehendes Sortiment zur Probe eingeführt werden	Feinkost in einem Supermarkt

2.1.4 Sortimentsveränderungen

▶ Im Einzelhandel ist die Orientierung an den Bedürfnissen der Kunden das wesentlichste Ziel der Sortimentsplanung. Dabei spielen folgende Einflussfaktoren für die Sortimentsbildung und die Veränderung bestehender Sortimente eine Rolle:

- Merkmale der Zielgruppe wie Einkommen, Markenbewusstsein, Serviceorientierung, Qualitätsansprüche

- günstige Bezugsquellen
- Konkurrenzsituation
- Kapital des Einzelhandelsunternehmens
- verfügbare Lager- und Verkaufsflächen

Maßnahmen der Sortimentsgestaltung sind:

Sortimentserweiterung	Aufnahme neuer Produkte, die das bestehende Sortiment erweitern bzw. vertiefen **Diversifikation** ist eine Sortimentserweiterung um gänzlich neue Warengruppen, mit dem Ziel, neue Märkte zu erschließen.
Sortimentsvariation	Es erfolgt ein Austausch bestimmter Waren, Warenarten oder Warengruppen. Dies kann durch folgende Maßnahmen erfolgen: **Trading up:** Das bestehende Sortiment wird qualitativ angehoben, z. B. durch Aufnahme von Markenartikeln. **Trading down:** Das Qualitätsniveau des bestehenden Sortiments wird qualitativ gesenkt, z. B. durch die Aufnahme von No-Name-Produkten.
Sortimentsbereinigung	Unrentable Waren oder Warengruppen werden aus dem Sortiment entfernt.

2.2 Bedeutung von Warenkenntnissen beim Verkauf

Fundierte Kenntnisse der Wareneigenschaften und der Ver- und Anwendungsmöglichkeiten von Waren sind unumgänglich bei der ***Warenbeschaffung, Warenlagerung und Warenpflege***. Sie liefern dem Verkäufer passende ***Verkaufsargumente,*** zeigen Möglichkeiten einer wirkungsvollen ***Warenpräsentation*** und schaffen beim Kunden ***Vertrauen***.

2.3 Quellen für Produktinformationen

Betriebliche Informationsquellen	Außerbetriebliche Informationsquellen
- Warenerprobung durch den Verkäufer - Warenkennzeichnung - Ausbilder und Kollegen - Kunden - Herstellerinformationen/Gebrauchsanweisungen - innerbetriebliche Produktschulungen	- Fachliteratur und Warentests - Messen und Ausstellungen - überbetriebliche Seminare und Schulungen - Beobachtung der Konkurrenz - Internet

2.4 Verkaufsformen im Einzelhandel

▶ Die Verkaufs- oder Bedienformen hängen wesentlich von der Warenart, der Betriebsform, den Kundenbedürfnissen und dem Standort des Einzelhandelsgeschäftes ab.

Verkaufsform	Merkmale
Selbstbedienung	Die Ware ist für den Kunden frei zugänglich. Er wählt die Ware selbstständig aus. Es erfolgt keine Beratung. Tätigkeiten des Verkaufspersonals sind insbesondere Warenauszeichnung, Warenanordnung und das Kassieren.
Vorwahl	Der Kunde hat freien Zugang zur Ware und kann sich selbstständig über das Warenangebot informieren. Auf Wunsch erfolgt eine Beratung durch den Verkäufer.
Vollbedienung	Der Verkäufer führt hier aktiv die Verkaufshandlung. Er fragt den Kunden nach seinen Wünschen, präsentiert eine Warenauswahl und berät den Kunden bei seiner Kaufentscheidung. Bedienungsform bei hochwertigen und beratungsintensiven Waren.

2.5 Warenkennzeichnungen

▶ Waren- und Verpackungskennzeichnungen sind wichtige Informationsquellen für das Kundengespräch. Sie geben dem Kunden Hinweise auf Qualität, Behandlung, Inhalte der Produkte und damit über deren Auswirkungen auf Gesundheit und Umwelt.

Warenkennzeichnung	Erklärung	Beispiele
Gütezeichen	ist das geschützte gemeinschaftliche Zeichen verschiedener Hersteller gleichartiger Artikel	Echt Leder Edelstahl rostfrei Wollsiegel-Qualität
Marken-/Warenzeichen	Sie kennzeichnen Artikel bestimmter Hersteller bzw. von Handelsunternehmen. Diese weisen auf gleich bleibende Qualität ihrer Produkte hin.	VW-Logo Mercedes-Stern Pepsi-Cola
Umweltzeichen	für die Verwendung umweltfreundlicher Herstellmethoden und Inhaltsstoffe oder bei energiearmem Verbrauch	blauer Umweltengel Grüner Punkt Textiles Vertrauen Bio-Siegel TransFair-Siegel
Schutz- und Prüfzeichen	für Waren, die gesetzlich festgelegten Sicherheitsbestimmungen entsprechen	VDE-Zeichen GS-Zeichen CE-Zeichen

3 Beratung und Verkauf

3.1 Kunden- und dienstleistungsorientiertes Verkaufen

3.1.1 Kundenorientierung als Leitbild des Einzelhandels

Gründe für ein am Kunden orientiertes Verhalten sind:

- Wandel vom Verkäufer- zum Käufermarkt
- Wettbewerb im Einzelhandel wird immer härter
- Neben dem Preis spielen besonders auch die angebotenen Service- und Dienstleistungen eine wichtige Rolle.
- Rascher Wandel der Kundenbedürfnisse und steigende Ansprüche der Verbraucher

Leitbild

- Die wirtschaftliche Situation verlangt, dass sich Unternehmen, die am Markt bestehen wollen, konsequent an den Wünschen und Bedürfnissen ihrer Kunden orientieren.

- Das Leitbild eines Einzelhandelsgeschäftes spiegelt seine Grundüberzeugungen wider.
- Dies zeigt sich in einer konsequenten Kundenorientierung, im Erscheinungsbild des Unternehmens und im Verhalten gegenüber seinen Mitarbeitern und Lieferanten.

Kundenorientierung

Die kundenorientierte Grundhaltung beeinflusst alle Bereiche eines Einzelhandelsunternehmens. Beispiele sind:

- Sortimentsgestaltung
- Serviceleistungen
- Preis- und Konditionenpolitik
- Kommunikationspolitik
- Abwicklung von Reklamationen
- Verhalten des Verkaufspersonals
- Ladeneinrichtung

3.1.2 Anforderungen an einen Verkäufer/eine Verkäuferin

▶ Die Anforderungen an das Verkaufspersonal sind hoch. Ein guter Verkäufer verfügt nicht nur über hervorragende Warenkenntnisse. Er ist insbesondere in der Lage, Verkaufsgespräche kundenorientiert zu führen und eine positive Beziehung zum Kunden aufzubauen. Dadurch ist er in der Lage, den Kunden zu beraten, ihm Waren und Dienstleistungen zu verkaufen und dem Kunden einen positiven Eindruck vom Einzelhandelsunternehmen zu vermitteln.

Damit es zu keinen Störungen im Verkaufsprozess kommt, sollten die folgenden Faktoren den Rollenerwartungen der Kunden anpasst sein:

- **Erscheinungsbild**
  - ansprechende Kleidung
  - Sauberkeit
  - gepflegtes Äußeres
- **Verhalten**
  - Höflichkeit
  - Wertschätzung
  - Interesse
  - Engagement
  - Selbstbeherrschung
  - Einfühlungsvermögen

- **Körpersprache**
  - Gesichtsausdruck und Mienenspiel beachten
  - klarer, offener und aufmerksamer Blick zum Kunden
  - Gesten sollen als körperliche Ausdrucksbewegungen das gesprochene Wort unterstreichen
  - Körperhaltung offen und natürlich
- **Sprache**
  - Verständlichkeit – keine Begriffe, die der Kunde nicht versteht
  - kurze und vollständige Sätze – keine Wort- und Satzfetzen
  - deutlich sprechen – kein Flüstern oder Brüllen
  - Betonung wichtiger Begriffe
  - nicht zu schnell sprechen und auf Pausen achten
- **Fachwissen**
  - grundlegende Warenkenntnisse
  - Beherrschung wesentlicher Verkaufstechniken
  - Kenntnis wirtschaftlicher und rechtlicher Zusammenhänge
  - Menschenkenntnis
  - gute Beobachtungsgabe
  - Sinn für Geschmack
  - Interesse an der Ware

3.2 Kommunikation mit dem Kunden

3.2.1 Instrumente der Kundenbindung

- Im Einzelhandel gibt es vielfältige Ansatzpunkte für Kundenbindungsmaßnahmen. Sie sollten auf die jeweilige Zielgruppe abgestimmt sein und auf Kosten und Wirksamkeit hin überprüft werden.
- Kundenbindungsinstrumente sind u. a. abhängig von der Marketing-Strategie eines Einzelhandelsunternehmens, seiner Betriebsform, Größe, Branche, Konkurrenzsituation, Mitarbeiterzahl und Standort.
- Beispiele für Maßnahmen sind:
  - Serviceleistungen
  - Sonderaktionen
  - Events
  - Kundenkarten
  - Warenproben
  - Zusatzleistungen für Stammkunden
  - verbesserte Garantiebedingungen

- Kundenansprache im Geschäft, in der Werbung, Kundenbriefe
- kundenorientierte Gestaltung von Internetauftritten
- kundengerechte Gestaltung von Arbeitsabläufen

3.2.2 Sprachliche und nonverbale Kommunikationsformen

(1) Bedeutung der Sprache

Für den Verkäufer stellt die Sprache das wirksamste Verkaufsinstrument dar. Mit ihrer Hilfe kann er den Kunden positiv beeinflussen, den Ablauf des Verkaufsgespräches steuern und einen Kaufabschluss herbeiführen.

(2) Einflussfelder der Sprachwirkung

Will ein Verkäufer durch seine Sprache Verkaufserfolge herbeiführen, sollte er die folgenden Einflussfelder beachten:

Stimmführung

Die richtige Stimmführung beeinflusst unbewusst die Gefühle des Kunden.

Elemente der Stimmführung	Darauf sollten Sie im Verkaufsgespräch achten:
Klangfarbe	– Passen Sie den Klang an den Sprechinhalt; warme, freundliche, teilnehmende, keine aufdringliche Sprache.
Aussprache und Lautstärke	– Sprechen Sie deutlich mit mittlerer Lautstärke und vermeiden Sie es zu brüllen oder zu flüstern.
Modulation	– Betonen Sie wichtige Begriffe; vermeiden Sie eine monotone Sprache, die den Kunden langweilt. – Sprechen Sie nicht zu schnell und achten Sie auf Pausen.

Wortschatz und Satzbau

- Pflegen Sie einen umfangreichen Wortschatz. Dieser ermöglicht es dem Verkäufer im Kundengespräch, den Wert der Ware zu veranschaulichen und liefert die geeigneten Verkaufsargumente.
- Vermeiden Sie Floskeln und Redensarten ohne Aussage.
- Kurze Sätze erleichtern dem Kunden das Verständnis.
- Bilden Sie vollständige Sätze und vermeiden Sie Wort- und Satzfetzen.

(3) Nonverbaler Ausdruck

Die Körpersprache wirkt wie die Stimmführung auf die Gefühle des Kunden. Zur nonverbalen Kommunikation im Verkaufsgespräch gehören die folgenden Elemente:

Bestandteile	Darauf sollten Sie im Verkaufsgespräch achten:
Mimik	– Achten Sie auf Ausdrucksbewegungen von Augen, Stirn, Nase und Mund. – Signalisieren Sie Offenheit durch ein freundliches Lächeln. – Halten Sie Blickkontakt mit dem Kunden.
Gestik	– Verdeckte Hände in den Hosentaschen wirken eher negativ. – Achten Sie auf zeigende, öffnende Gesten. – Vor der Brust verschränkte Arme erscheinen oft als Abwehrhaltung.
Körperhaltung	– Eine offene Körperhaltung signalisiert Zuwendung, Offenheit, Interesse für den Gesprächspartner. – Signalisieren Sie Zustimmung durch Nicken.
Distanz	– Achten Sie auf das Distanzbedürfnis ihrer Kunden. – Ein Abstand unter 50 cm gilt als vertraulich. – Bei einem Abstand von einem bis drei Meter fühlen wir uns bei Gesprächen mit Fremden wohler.

3.2.3 Techniken der Gesprächsführung

Die Argumentation eines Verkäufers sollte grundsätzlich kundenorientiert sein. Dem Kunden werden individuelle Problemlösungen angeboten, indem der Verkäufer den persönlichen Nutzen einer Ware aufzeigt. Bestandteile einer kundenorientierten Sprache sind:

(1) Aktives Zuhören

Aktives Zuhören deutet der Kunde als Interesse und Zuwendung. Mitteilungen des Kunden über seine Wünsche, Vorstellungen, Ansichten liefern nützliche Informationen für die Verkaufsargumente, die Warenvorlage oder die Behandlung von Kundeneinwänden.

Signale, die vom Kunden positiv gedeutet werden, sind z. B.:

- *Verkäufer nimmt sich Zeit für den Kunden und beendet Nebentätigkeiten*
- *Zuhörsignale wie Blickkontakt, zustimmendes Nicken, offene Körperhaltung*
- *zustimmende Äußerungen und offene Fragen zur Bedarfsermittlung*
- *den Kunden mit Namen ansprechen*
- *Gefühle des Kunden aufnehmen und wiedergeben*
- *auf Argumente des Kunden eingehen*
- *den Kunden nicht unterbrechen, sondern ausreden lassen*
- *den Kunden beraten, nicht belehren oder überreden*

(2) Sie-Stil

Die Verwendung der Worte „Sie", „Ihr", „Ihre", „Ihnen" stellt einen Bezug zum Kunden her und fördert so die Wirksamkeit kundenbezogener Verkaufsargumente.

Beispiele:
*... damit können **Sie** ...*
*... das erleichtert **Ihnen** ...*
*... das bedeutet für **Sie** ...*

(3) Vorteilsformulierungen

Das sind Formulierungen im Sie-Stil. Sie weisen durch die Verwendung eines Tätigkeitswortes den Kunden auf den individuellen Produktnutzen hin und stellen einen Erlebnisbezug her.

Drei Schritte der Verkaufsargumentation		
Produktmerkmal	Produktvorteil	Produktnutzen und Erlebnisbezug
Diese Jacke ist aus Goretex.	Die Jacke ist atmungsaktiv.	Sie werden sich in der Jacke sehr wohl fühlen.

3.2.4 Fragetechniken

(1) Bedeutung der Frage

Die richtige Fragetechnik ist für alle Phasen des Verkaufsgespräches wichtig. Sie ermöglicht dem Verkäufer die Richtung und den Verlauf des Verkaufsgespräches zu steuern und dient der gezielten Förderung des Verkaufsabschlusses.

(2) Arten von Fragen

Offene Fragen	– werden in ganzen Sätzen beantwortet und liefern für das Verkaufsgespräch wichtige Informationen – beginnen häufig mit den Fragewörtern **wer, wie, was, wann, warum** (W-Fragen).
Geschlossene Fragen	– ermöglichen dem Kunden nur wenige und kurze Antworten. – sind geeignet, um das Verkaufsgespräch zu einem Abschluss zu bringen.

Suggestivfragen	– dienen dem Verkäufer zur gezielten Beeinflussung des Kunden. – sollen den Verkaufsvorgang beschleunigen.
Alternativfragen	– fordern den Kunden auf, sich für eine von mehreren Möglichkeiten zu entscheiden. – werden hauptsächlich eingesetzt, um einen Kaufabschluss herbeizuführen.
Rhetorische Fragen	– sind Fragen, auf die der Verkäufer vom Kunden keine Antwort erwartet. – sollen beim Kunden Interesse und Spannung hervorrufen.

3.2.5 Verhalten bei Kundeneinwänden

(1) Bedeutung von Kundeneinwänden

Kundeneinwände sind normale Bestandteile des Verkaufsgespräches. Sie sind Hinweise auf offene Fragen, Probleme, Bedenken und Widerstände der Kunden und liefern dem Verkäufer somit wichtige Anhaltspunkte für die Argumentation im Verkaufsgespräch.

(2) Arten von Kundeneinwänden

Kundeneinwände können sowohl durch Worte als auch über die Körpersprache zum Ausdruck gebracht werden und richten sich gegen:

- das Unternehmen
- die Verkaufssituation
- das Verkaufspersonal
- die Ware
- den Preis

(3) Verhalten bei Kundeneinwänden

Grundsätzliche Verhaltensweisen zur Konfliktlösung

- Bleiben Sie ruhig und gelassen.
- Hören Sie aktiv zu und lassen den Kunden ausreden.
- Betrachten Sie Kundeneinwände als Frage. Fragen werden beantwortet und nicht widerlegt.
- Signalisieren Sie Verständnis für den Kundeneinwand.
- Analysieren Sie die Ursachen für den Kundeneinwand.
- Vermeiden Sie Rechthaberei und direkten Widerspruch.
- Stimmen Sie dem Kunden so weit wie möglich zu.

Ja-Aber-Methode

Der Verkäufer zeigt zunächst Verständnis und stimmt scheinbar dem Kunden zu. Anschließend wird versucht, den Einwand durch die geschickte Formulierung eines Vorteils zu entkräften.

Umkehr-Methode (Bumerang-Methode)

Der Verkäufer wandelt den Einwand des Kunden in ein Verkaufsargument um, welches den Kundennutzen betont.

Gegenfrage-Methode

Der Kunde wird durch eine Gegenfrage aufgefordert, seine Bedenken offen zu äußern und seinen Einwand zu präzisieren. Der Verkäufer gibt also den Kundeneinwand als Frage zurück.

3.3 Verkauf zusätzlicher Ware

3.3.1 Ergänzungsartikel

Zusatzverkäufe bringen Vorteile für den Kunden und für den Einzelhandelsbetrieb. Sie steigern den Umsatz und ersparen dem Kunden Zeit, Geld und Ärger, wenn der Hauptartikel noch eines Ergänzungsartikels bedarf. Man unterscheidet:

Funktionsnotwendige Artikel	machen den Hauptartikel erst einsatzbereit oder verwendbar (Beispiel: Batterie für einen Radiowecker).
Nützliche Zusatzartikel	stellen eine sinnvolle Ergänzung zum Hauptartikel dar, werten diesen auf oder erweitern seine Verwendungsmöglichkeiten (Beispiel: Zusatzobjektive für eine Kamera).
Entdeckte Ergänzungsartikel	ergeben sich häufig im Verlauf des Verkaufsgespräches. Sie stehen in keinem direkten Zusammenhang mit dem Gebrauchsnutzen des Hauptartikels.

3.3.2 Alternativartikel

Der Verkäufer macht dem Kunden ein Ausweichangebot, um doch zu einem Verkaufsabschluss zu gelangen, auch wenn die vom Kunden gewünschte Ware gerade nicht vorrätig ist oder nicht im Sortiment geführt wird. Alternativartikel und ursprünglich verlangte Ware sollten sich in Zweck, Preis und Qualität gleichen.

3.3.3 Ersatzangebote

Der Kunde verlangt Ersatz für eine Ware, die er schon hatte, z. B. Ersatzglühlampen.

3.4 Umgang mit unzufriedenen Kunden

3.4.1 Beschwerde und Reklamation

Kundenbeschwerden helfen dem Einzelhändler innerbetriebliche Missstände zu erkennen und zu beseitigen. Sie sind eine Chance zur Qualitätssteigerung, Kundenbindung und zur Gewinnung neuer Kunden. Reklamationen sollten deshalb kundenorientiert abgewickelt werden.

Beschwerdegründe

- Ware oder Dienstleistung ist vermeintlich oder tatsächlich fehlerhaft.
- Beratung durch den Verkäufer war unzureichend.
- Fehler beim Kassieren
- Probleme des Einzelhandelsgeschäftes (Sauberkeit, Sortiment, Preise, Service ...)

Abwicklung der Beschwerde

- Vermeiden Sie peinliches Aufsehen. Bitten Sie den Kunden in ein Büro oder einen ruhigen Nebenraum ohne weitere Zuhörer oder Zuschauer.
- Geben Sie dem Kunden die Möglichkeit, sein Anliegen in Ruhe zu schildern. Hören Sie ihm dabei aufmerksam zu und zeigen Sie Verständnis.
- Prüfen Sie jede Beschwerde unvoreingenommen und sorgfältig nach und suchen Sie gemeinsam mit dem Kunden nach einer Lösung.
- Beachten Sie auch die rechtliche Situation. Wer hat den Mangel verursacht? Erfolgt die Reklamation innerhalb der gesetzlichen Gewährleistungsfristen oder der vertraglichen Garantiezeiten?
- Erfüllen Sie den Kundenwunsch, wenn die Reklamation berechtigt ist, bedanken Sie sich für das Verständnis des Kunden und entschuldigen Sie sich.
- Ist die Reklamation des Kunden nicht berechtigt, dann erklären Sie ihm freundlich, warum Sie seinen Wunsch ablehnen.

3.4.2 Umtausch

Der Umtausch von Waren ohne Fehler ist eine freiwillige Leistung eines Einzelhandelsbetriebes (**Kulanz**). Für den Kunden besteht kein Rechtsanspruch.

Umtauschgründe

- die Ware passt nicht;
- die Ware gefällt dem Kunden nicht mehr;
- der Kunde kann die Ware nicht verwenden;
- die Ware wurde vom Kunden falsch behandelt.

Voraussetzungen

- die Ware wurde in unserem Geschäft gekauft (Kassenbon);
- Ware wurde vom Kunden nicht genutzt oder beschädigt;
- die Ware ist nach gesetzlichen oder betrieblichen Richtlinien nicht vom Umtausch ausgeschlossen (offene Lebensmittel, Kosmetik-Artikel, Hygiene-Artikel, reduzierte Waren)

4 Servicebereich Kasse

4.1 Kassieren

Vorbereitende Tätigkeiten für das Kassieren sind:

- für Ordnung im Kassenbereich sorgen
- genügend Wechselgeld bereitstellen
- ausreichend Verpackungsmaterial und Tragetaschen bereitlegen
- Vordrucke wie Quittungen, Personalkaufbelege, Gutscheine, Kassenrollen bereitstellen
- Schreibmaterial bereitstellen
- Listen für Stückpreise überprüfen und gegebenenfalls anpassen

Für Arbeiten im Kassenbereich gelten bestimmte ***Kassieranweisungen***. Sie sind abhängig von den jeweiligen betrieblichen Gegebenheiten und von Betrieb zu Betrieb unterschiedlich. Folgende Vorschläge können helfen, Kassendifferenzen zu vermeiden:

- alle Artikel auf den Kassentisch legen
- Sichtkontrolle der Artikel und des Einkaufswagens durchführen
- dem Kunden die Gesamtsumme deutlich nennen
- das vom Kunden überreichte Geld nachzählen
- Geldscheine mit höheren Beträgen auf Echtheit prüfen
- Wechselgeld dem Kunden vorzählen

- erst nach Abwicklung des Zahlungsvorganges die Ware und den Kassenbon übergeben
- bei Verlassen des Arbeitsplatzes die Kasse verschließen

4.2 Zahlungsmöglichkeiten

4.2.1 Barzahlung

▸ Zahlung mit Banknoten oder Münzen. Weder der Einzelhändler noch der Kunde benötigen ein Konto.

Formen:

- persönliche Zahlung
- Zahlung durch Boten
- Postbank-Minutenservice
  Bargeld wird am Postschalter eingezahlt und kann später vom Zahlungsempfänger in einer Filiale der Deutschen Post AG entgegengenommen werden.

Der **Nachweis der Zahlung** erfolgt durch Kassenbon, Kassenzettel oder Quittung. Ein Einzelhändler muss dem Kunden auf Verlangen eine Quittung als Nachweis für die Zahlung ausstellen.

Inhalte der Quittung:

1. Betrag
2. Ausweisung der Umsatzsteuer ab 100,00 EUR
3. Name des Zahlers
4. Zahlungsgrund
5. Empfangsbestätigung des Einzelhändlers
6. Ort und Tag der Ausstellung
7. Unterschrift des Einzelhändlers

4.2.2 Gutscheine/Coupons

▸ Ein Kunde kann zeitlich unbegrenzt oder innerhalb einer bestimmten Frist einen beliebigen Artikel in dem Geschäft kaufen. Die Bezahlung erfolgt vor Übergabe der Ware. Gutscheininhaber haben keinen Rechtsanspruch auf Auszahlung des Gegenwertes in Bargeld.

Anlässe:

- Geschenkkauf
- Umtausch
- Reklamation
- Veröffentlichung in Zeitungen oder Zeitschriften und Einlösung im Einzelhandelsgeschäft

4.2.3 Kartenzahlung

Bei allen Kartenzahlungsverfahren erfolgt die Zahlung bargeldlos. Der bargeldlose Zahlungsverkehr setzt voraus, dass Schuldner und Gläubiger über ein Konto verfügen.

Kartenzahlung	Merkmale
POS-System	– Der Kunde zahlt mit seiner ec-Karte mittels eines elektronischen Kartenlesegerätes am Verkaufsort (= point of sale). – Der Einzug des Geldbetrages erfolgt beleglos vom Bankkonto des Kunden. – Bei der Zahlung erfolgt die Eingabe der ***persönlichen Geheimzahl*** des Kunden (***PIN***). – Das Karten ausgebende Kreditinstitut ***garantiert den Eingang der Zahlung***.
Geldkarte	– Die Geldkarte wird an speziellen Ladeterminals der Hausbank mit bis zu 200,00 EUR aufgeladen. – Der Zahlungsbetrag wird im Einzelhandelsgeschäft vom Chipguthaben abgebucht und dem Händler gutgeschrieben.
Kreditkarten	– Kreditkarten werden von Kreditkartenorganisationen wie VISA, MasterCard, Diners Club, American Express herausgegeben. – Kreditkarteninhaber können weltweit bei allen Vertragsunternehmen der Kartenorganisationen bargeldlos bezahlen.

Kartenzahlung	Merkmale
Kreditkarten	– Vertragsunternehmen bezahlen an die Kartenorganisationen eine Provision und erhalten von diesen die Verkaufserlöse vergütet.
Kundenkarten	– Kundenkarten werden von Einzelhandelsunternehmen als Instrument der Kundenbindung und Kundenpflege herausgegeben. – Der Kunde kann nur bei dem Karten ausgebenden Unternehmen bargeldlos bezahlen. – Die Abbuchung erfolgt in der Regel monatlich. – Der Kunde hat somit bis zur Abbuchung der Beträge von seinem Bankkonto einen kostenlosen Kredit.

4.3 Preisnachlässe

Rabatte oder Preisnachlässe erlauben dem Einzelhändler flexible Reaktionen auf unterschiedliche Kundenansprüche. Reduzierte Preise sind nur zulässig, wenn der Ausgangspreis kein „Mondpreis“ war (→ Kapitel D. 4.4.1 Preisangabenverordnung).

Rabattarten	Erklärung
■ Mengenrabatt	– Ein Kunde nimmt eine größere Warenmenge ab.
■ Treuerabatt	– Eine langjährige Kundin erhält einen Preisnachlass von 3 %.
■ Sonderrabatte	– Eine Schule erhält regelmäßig einen Nachlass beim Einkauf von Schreibmaterial.
■ Personalrabatte	– Die Mitarbeiter eines Einzelhandelsgeschäftes erhalten beim Einkauf bei ihrem Arbeitgeber einen Rabatt.

4.4 Kundenorientiertes Verhalten im Kassenbereich

4.4.1 Verkaufspsychologische Bedeutung des Kassierers

Der Kassierer ist häufig die letzte Verkaufskraft, mit der der Kunde in Berührung kommt. Dadurch prägt das Kassenpersonal wesentlich das Bild des Kunden vom Unternehmen. Deshalb ist auf ein kundenorientiertes Verhalten besonders zu achten, damit der Kaufvorgang in einer positiven Atmosphäre abgeschlossen wird.

- Blickkontakt aufnehmen
- jeden Kunden an der Kasse begrüßen
- wenn möglich, den Kunden mit Namen ansprechen
- die Ware sorgfältig behandeln, Sicherheitsetiketten entfernen
- sich für den Kauf bedanken
- den Kunden freundlich verabschieden

4.4.2 Umtausch und Reklamation im Kassenbereich

Die Art und Weise, wie ein Umtausch oder eine Warenrücknahme durch das Kassenpersonal erfolgen soll, ist in den einzelnen Einzelhandelsbetrieben unterschiedlich geregelt. Dabei sollte im Kassenbereich besonders auf folgende Punkte geachtet werden:

- Vermeiden Sie lange Diskussionen mit den Kunden.
- Wenn möglich, sollte die Reklamation von der Abteilung abgewickelt werden, in der die Ware gekauft wurde.
- Geben Sie den Retour-Bon an der Kasse ein, wenn der Kunde den bereits bezahlten Kaufpreis erstattet bekommt.
- Dabei erfolgt eine Barauszahlung bzw. eine Gutschrift bei Bezahlung mit Karte.
- Buchen Sie die Ware beim Einscannen dem Bestand wieder zu.

4.5 Kassenabrechnung

4.5.1 Kassenbericht

Ein Kassenbericht ist ein Beleg über die Einnahmen aus Barverkäufen. Er wird nach einem Wechsel des Kassenpersonals oder nach Kassenschluss durchgeführt. Der Kassenbericht liefert Informationen, die für folgende Sachverhalte relevant sind:

- Leistungen des Kassenpersonals, z. B. Kassierzeiten je Kunde, Anzahl Stornos
- durchschnittlicher Bargeldbestand
- Kassenfrequenz z. B. Artikelzahl, Umsatz, Kundenzahl für eine Stunde
- Kundenkennziffern, z. B. durchschnittliche Anzahl der gekauften Artikel je Kunde

- Artikelkennziffern, z. B. Absatzzahlen
- dient als Grundlage für die Buchhaltung

4.5.2 Tageskassenbericht

Er wird am Ende eines jeden Verkaufstages durchgeführt und ermöglicht eine **Kassenkontrolle**. Dabei gilt:

	Kassenendbestand bei Geschäftsschluss
+	Auszahlungen im Laufe des Tages (Wareneinkäufe, Geschäftsausgaben, Privatentnahmen, Sonstiges)
–	Anfangsbestand
–	sonstige Einzahlungen
=	**Bareinnahmen der Warenverkäufe eines Tages (Tageslosung)**

Die Tageslosung kann durch die Belege über Warenverkäufe an Kunden oder bei elektronischen Kassen automatisch aus den Kundenbons ermittelt werden.

4.5.3 Kassensturz

▶ Dabei handelt es sich um eine nicht angekündigte Kassenkontrolle außerhalb der normalen Kassenabrechnung. Dadurch sollen die Ursachen von Kassendifferenzen festgestellt werden.

Ursachen:

- Fehler beim Kassieren
- Wechselgeld falsch herausgegeben
- Diebstahl, Unterschlagung
- Kundenreklamationen wegen angeblich falschen Wechselgeldes

Maßnahmen zur Vermeidung von Kassendifferenzen:

- Kassieranweisungen des Betriebes einhalten
- bei größeren Geldscheinen den Betrag deutlich nennen
- dem Kunden das Wechselgeld laut vorzählen
- das vom Kunden gezahlte Geld in der Kasse deponieren
- die Kasse nach jedem Vorgang schließen

5 Einflussfaktoren auf die Warenpräsentation

5.1 Verkaufsraumgestaltung

Eine an den Kundenbedürfnissen orientierte Gestaltung der Verkaufsräume fördert den Warenabsatz. Dabei geht es um das innere und äußere Erscheinungsbild der Verkaufsräume. Dieses soll auf den Kunden möglichst verkaufsfördernd wirken.

Man unterscheidet zwischen

- **Warenpräsentation** – **wie** soll die Ware dargestellt werden?
- **Warenplatzierung** – **wo** soll die Ware aufgestellt werden?

(1) Ziele der Verkaufsraumgestaltung

Eine kundenorientierte Verkaufsraumgestaltung soll folgende Zielsetzungen berücksichtigen:

- Waren und Serviceleistungen für den Kunden sichtbar machen
- Kundeneinkäufe erleichtern
- zu Verbundkäufen anregen
- Kunden durch eine gute Verkaufsatmosphäre emotional beeinflussen
- Impulskäufe anregen
- Verweildauer im Geschäft optimieren
- Warenbewirtschaftung erleichtern
- Schutz vor Ladendiebstählen

(2) Gestaltung des Ladenumfeldes

Wird die Ware vom Einzelhändler außerhalb des Geschäftes platziert, dann sollte die Warenpräsentation an die äußeren Gestaltungselemente angepasst sein.

Elemente	Aufgaben
Fassade	▪ vermittelt den Kunden einen ersten Eindruck des Geschäftes ▪ gibt einen Eindruck von der Firmenphilosophie ▪ liefert dem Kunden nonverbale Informationen darüber, was ihn im Innern des Geschäftes erwartet ▪ gibt dem Unternehmen durch den zielgerichteten Einsatz von Baumaterialien, Beleuchtung, Farben, Firmenlogo ein Profil

Elemente	Aufgaben
Firmenlogo	▪ ist eine grafische Gestaltung des Firmennamens ▪ macht den Kunden auf das Geschäft aufmerksam ▪ soll werbewirksam, prägnant und für den Kunden leicht wiedererkennbar sein

(3) Absatzfördernde Verkaufsraumgestaltung

Die Gestaltung der Verkaufsräume schafft Möglichkeiten, die Ware verkaufswirksam zu präsentieren. Sie wird besonders beeinflusst von:

- Betriebsform
- Sortiment
- Kundenerwartungen
- Bedingungen des Geschäftsumfeldes

(4) Platzierung der Ware in Abhängigkeit vom Kundenlauf

Die Verteilung der Warengruppen auf die verschiedenen Bereiche des Verkaufsraumes und ihre Platzierung in den Warenträgern beeinflusst die Umsatzhöhe bei den einzelnen Artikeln. Durch **Kundenlaufstudien** kann ein Einzelhandelsunternehmen feststellen, welche Ladenbereiche verkaufsschwach bzw. verkaufsstark sind.

Verkaufsschwache Ladenzonen werden vom Kunden häufig umgangen oder schnell durchlaufen.	**Platzierungsstrategien**
– Eingangszone – Ladenecken – Mittelzonen – Zonen links in Kundenlaufrichtung	▪ Aufwertung durch Platzierung von Suchartikeln, Aktionsware ▪ Platzierung von Gütern des täglichen Bedarfs und Sonderangeboten

Verkaufsintensive Ladenzonen	Platzierungsstrategien
– Kassenzone	▪ Platzierung von Sonderangeboten und Impulsartikeln
– Bereiche in der Nähe von Rolltreppen/Aufzügen – Gangkreuzungen	▪ Aktionsplatzierungen ▪ Artikel der niederen Preiskategorie

Verkaufsintensive Ladenzonen	Platzierungsstrategien
– Außengänge – Verkaufsflächen rechts vom Kundenlauf – Bereiche rechts in Kundenlaufrichtung	■ Platzierung von Artikeln mit hoher Gewinnspanne ■ Steigerung der Verkäufe von absatzschwachen Artikeln mit niedriger Umschlagshäufigkeit

(5) Platzierung nach der Anordnung der Warenträger im Verkaufsraum

Längsplatzierung	■ Verwendung von langen Warenträgern ■ optimale Raumausnutzung und gute Übersicht
Querplatzierung	■ kürzere Warenträger ermöglichen abwechslungsreichere Präsentation der Artikel ■ höhere Verweildauer der Kunden
Schrägplatzierung	■ Warenträger sind schräg zur Kundenführung ausgerichtet ■ Platzierung wirkt auf Kunden aufgelockert und anregend

5.2 Verkaufsform

siehe dazu auch Kapitel B 2.4

Verkaufsform	Grundsätze der Warenpräsentation
Vollbedienung	Der Kunde gelangt nur mit Hilfe des Verkäufers an die Ware. Die Warenplatzierung orientiert sich am Verkäufer. Artikel mit hohem Umsatz und Aktionswaren müssen leicht erreichbar sein.
Selbstbedienung	■ Der Kunde hat freien Zugang zur Ware und wird über die Ware angesprochen. ■ Die Warenpräsentation soll zum Kauf anregen und Impulskäufe auslösen. ■ Kunden mit Hilfe der Warenplatzierung durch das Geschäft führen ■ Ware gut sichtbar, sauber und ordentlich präsentieren ■ Die Präsentation muss dem Kunden einen schnellen Überblick ermöglichen. ■ Warenlücken schnell schließen ■ beschädigte Waren aussortieren

Verkaufsform	Grundsätze der Warenpräsentation
Vorwahl	▪ Verbindung von Vollbedienung und Selbstbedienung ▪ Übersichtlichkeit durch Gliederung des Sortiments herstellen, z. B. nach Herstellern, Qualitäten, Preisen, Verwendungszwecken, Kaufmotiven ▪ Ware informativ präsentieren ▪ unübersichtliche Winkel vermeiden

5.3 Ware

Hier geht es darum, wie die Artikel des Sortiments sinnvoll in den Verkaufsräumen zusammengefasst und platziert werden können.

Warengruppenplatzierung	▪ Platzierung der Artikel nach der Zugehörigkeit zu einer bestimmten Warengruppe ▪ ermöglicht dem Kunden eine schnelle Orientierung
Verbundplatzierung	▪ gemeinsame Platzierung von Artikeln, die zusammengehören oder sich ergänzen
Zweitplatzierung	▪ Artikel werden mehrfach an verschiedenen Standorten im Geschäft platziert.

Waren können beispielsweise nach folgenden Gesichtspunkten gruppiert werden:

- Verwendungszweck
- Rohstoffe
- Hersteller
- Preislagen
- Größen
- Farben

Bei der Platzierung der Ware in den Warenträgern unterscheidet man folgende Zonen:

Regalzone		Platzierung der Ware
Reckzone	über 165 cm	▪ weniger verkaufsstarke Zone ▪ leichte Ware
Sichtzone	bis 165 cm	▪ verkaufsstarke Zone ▪ Artikel mit einer hohen Gewinnspanne

Regalzone		Platzierung der Ware
Greifzone	bis 120 cm	▪ verkaufsintensive Zone ▪ Impuls- und Zusatzartikel
Bückzone	unter 80 cm	▪ Verkaufsschwache Zone ▪ schwere Waren, Suchartikel, Artikel mit geringer Handelsspanne

Ware mit späterem Verfalldatum sollte möglichst hinten platziert werden.

5.4 Warenplatzierung und -präsentation

- Sortimentsüberblick geben
- Auffinden der Ware durch gleich bleibende Standorte erleichtern
- Ware informativ und attraktiv präsentieren
- möglichst viele Sinne des Kunden ansprechen
- Ordnung und Sauberkeit beachten
- mit Hilfe von Kundenleitsystemen den Kunden mit einer Vielzahl von Warenkontakten durch das Geschäft führen
- nur unbeschädigte Ware anbieten
- Hinweis- und Preisschilder müssen mit der ausgestellten Ware übereinstimmen.

5.5 Schaufenstergestaltung

Eine gute Warenplatzierung im Schaufenster soll

- Besitzwünsche wecken
- Übersicht über das Sortiment geben
- als Orientierung für den Kunden dienen
- Werbeträger für das Geschäft sein
- Passanten auf das Geschäft aufmerksam machen

Wie die Ware im Schaufenster angeordnet wird, hängt auch von der Art des Schaufensters ab.

- **Übersichtsfenster:** Beispiele für das Warenangebot
- **Sachfenster:** Hinweis auf Verwendungszweck und Gebrauchswert
- **Fantasiefenster:** stehen unter einem Leitgedanken, der Wünsche, Träume und Fantasien der Kunden anspricht

- **Anlassfenster:** zu besonderen Anlässen
- **Spezialfenster:** zeigen wertvolle Einzelstücke
- **Stapelfenster:** Warenpräsentation der gezeigten Artikel in Stapeln, um ein Sortiment mit geringen Preisen zum Ausdruck zu bringen
- **Durchsichtfenster:** erlauben einen freien Blick auf die Warenpräsentation im Geschäft
- **geschlossene Fenster:** der Kunde hat keine Einsicht in das Geschäft

5.6 Visual Merchandising

Alle optischen Maßnahmen der Geschäftsraumgestaltung und Warenpräsentation wie

- Ladendekoration
- Lichteffekte
- Farbgebung
- Kundenführung
- Anordnung der Warenträger im Verkaufsraum
- Warenplatzierung

sind so aufeinander abgestimmt, dass sie dem Kunden als eine zusammengehörende Einheit erscheinen.

- Dadurch bekommt der Einkauf für den Kunden Erlebnischarakter und spricht ihn von seiner Gefühlsseite an.
- Es werden Warenbilder erzeugt, die auf Wünsche, Träume, Fantasien des Kunden zielen.
- Zweck ist es, die Verweildauer der Kunden im Geschäft zu erhöhen und ihn zu Spontan- und Impulskäufen anzuregen.

6 Kundenservice

6.1 Bedeutung von Serviceleistungen

- Serviceleistungen sind ein wichtiges Instrument der Kundenbindung. Sie fördern den Absatz von Waren, bieten Argumente in Verkaufsgesprächen und schaffen Wettbewerbsvorteile gegenüber der Konkurrenz.
- Serviceleistungen verursachen Kosten und müssen, wenn sie vom Kunden nicht bezahlt werden, über zusätzliche Erlöse finanziert werden.

6.2 Arten von Serviceleistungen

- Einzelhandelsunternehmen bieten sehr unterschiedliche Serviceleistungen an. Welche Leistungen den Kunden zusätzlich zum Verkauf von Waren angeboten werden, wird vom Sortiment, der Art der angebotenen Waren und der Geschäftspolitik des Unternehmens beeinflusst.
- Serviceleistungen im Einzelhandel lassen sich nach folgenden Kriterien einteilen:

Warenunabhängige Serviceleistungen

- Kinderbetreuung, Spielecke
- Gepäckaufbewahrung
- Parkplätze, Gebührenerstattung
- Lift, Rolltreppe
- Sitzplätze
- Caféteria, Restaurant
- Kundentoilette
- Kundenpinnwand für An- und Verkäufe

Warenbezogene Serviceleistungen

- Aufstellen von technischen Geräten
- Reparatur
- Wartung
- Änderungsservice
- Verpackungsservice
- Auswahlsendungen
- telefonische Bestellung

Zahlungsbezogene Serviceleistungen

- Kundenkarte
- ec-Karte, Kreditkarte
- Kreditkauf, Ratenkauf
- Kreditberatung

Nachkaufbezogene Serviceleistungen

- Garantie
- Kulanz
- Umtausch

C Warenwirtschaft im Einzelhandel

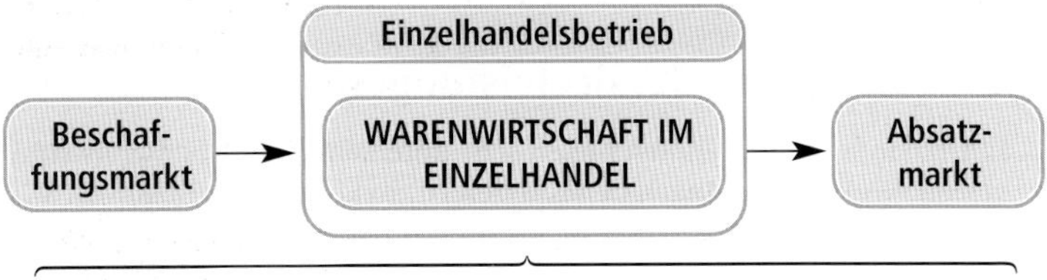

Kapitel 1	Kapitel 2	Kapitel 3
⇓	⇓	⇓
Warenwirtschaftssystem	**Wareneingang**	**Warenlagerung**
▪ die Bedeutung von Warenwirtschaftssystemen als wesentliche Hilfsmittel zur Steuerung und Kontrolle von Warenbewegungen erkennen	▪ grundlegende kaufmännische und gesetzliche Faktoren bei der Warenannahme berücksichtigen	▪ Lagerarten, Aufgaben und Risiken kennen und grundlegende Tätigkeiten bei der Warenlagerung beachten ▪ die wirtschaftliche Bedeutung eines Lagers beurteilen können

1 Warenwirtschaft und Warenwirtschaftssystem

1.1 Ziele und Aufgaben der Warenwirtschaft

Die **Warenwirtschaft** umfasst alle Tätigkeiten im Zusammenhang mit der Beschaffung, Lagerung und dem Absatz der Ware.

Das **Warenwirtschaftssystem** liefert Informationen für die Planung, Steuerung und Kontrolle der Warenwirtschaft in einem Einzelhandelsbetrieb. Hier wird mithilfe der EDV der gesamte Waren- und Datenfluss vom Wareneingang bis zum Verkauf erfasst und verarbeitet.

Warenfluss	umfasst die körperlichen (physischen) Warenbewegungen im Einzelhandelsunternehmen.
Datenfluss	beschreibt die entsprechenden Informationsströme über die Ware im Unternehmen. Dabei findet zwischen den Bereichen Einkauf, Lager und Verkauf ein Datenaustausch mithilfe eines rechnergestützten Warenwirtschaftssystems statt.

In den grundlegenden betrieblichen Bereichen Einkauf, Lager und Verkauf erfüllen Warenwirtschaftssysteme folgende Aufgaben:

Betriebliche Bereiche	Aufgaben der Warenwirtschaft
Beschaffung	■ artikelgenaue und zeitgenaue Erfassung der Wareneingänge ■ automatische Bestellungen sind möglich ■ bedarfsgerechtes Bestellwesen
Lager	■ Erfassung sämtlicher Lagerbewegungen ■ Hinweise auf die Wirtschaftlichkeit der Lagerhaltung durch die Auswertung von Lagerkennzahlen ■ Überwachung und Optimierung der Lagerbestände ■ computergestützte Lagerplatzverwaltung und Lagerplatzanordnung
Absatz	■ artikelgenaue Erfassung der Warenausgänge an der Kasse ■ Erhöhung der Kassendurchgangsgeschwindigkeit ■ Auswertung von aktuellen Statistiken zu den Verkaufszahlen (Abverkäufe, Tages-, Wochen-, Monatsvergleiche)

Durch die Auswertung von Daten des Warenwirtschaftssystems soll eine Optimierung von betrieblichen Entscheidungen ermöglicht werden. Dadurch können folgende Ziele erreicht werden:

- Kostenreduzierung
- Sicherung der Verkaufsbereitschaft
- Hinweise für den Einsatz von marketingpolitischen Instrumenten
- Optimierung von Transportwegen und Transportzeiten

1.2 Möglichkeiten der Datenerfassung

Grundlage für die Arbeit mit Warenwirtschaftssystemen ist die Erfassung von Daten. Dabei kommen folgende Instrumente der Datenerfassung im Einzelhandel zum Einsatz:

mobile Scanner	▪ Dazu gehören Lesepistole und Lesestift. Beide erlauben die optische Erfassung des Strichcodes auf der Ware.
stationäre Scanner	▪ sind meist in die Kassentische eingebaut
Tastatur	▪ für die manuelle Eingabe von Preisen an der Kasse
Datenkassen	▪ erfassen die Warenabgänge artikelgenau in Verbindung mit dem Warenwirtschaftssystem ▪ der Scanner erfasst nur den EAN-Code; alle wichtigen Artikeldaten sind im Warenwirtschaftssystem hinterlegt. (**Price-look-up-Verfahren**)
Datenwaagen	▪ speichern alle notwendigen Artikelinformationen ▪ Einsatz beim Verkauf von gewichtsabhängigen bzw. offenen Waren

1.3 Warencodierung

Voraussetzung für das Price-look-up-Verfahren ist die Vergabe von Artikelnummern für jedes Produkt. Dabei können hauseigene Artikelnummern oder die **„Europäische Artikelnummerierung“ (EAN)** verwendet werden.

Aufbau der EAN:

Ziffern	1	2	3	4	5	6	7	8	9	10	11	12	13
Aussage der Ziffern	Kennzeichnung des Herkunftslandes		Kennzeichnung des Herstellers					Artikelnummer des Herstellers					Prüfziffer für die Lesesicherheit beim Scannen

1.4 Sicherung von Daten

▶ Darunter versteht man alle Maßnahmen gegen Verlust, Verfälschung und Missbrauch von Daten. Dazu bieten sich folgende Möglichkeiten an:

- Einsatz von Datenadministratoren, die für die Datensicherung verantwortlich sind
- regelmäßig Sicherungskopien anlegen
- Registrierung der an der Datenverarbeitung beteiligten Personen
- Vergabe von Zugangsberechtigungen

1.5 Betrieblicher Datenschutz

▶ Der betriebliche Datenschutz umfasst alle Maßnahmen von Einzelhandelsunternehmen zum Schutz personenbezogener Daten vor Missbrauch bei Übertragung, Weitergabe und Zugriff.

Gesetzliche Grundlage

Das Bundesdatenschutzgesetz regelt die Erhebung, Verarbeitung und Nutzung von personenbezogenen Daten. Es dient dem Schutz des einzelnen Bürgers vor Missbrauch persönlicher Daten. Zu den personenbezogenen Daten gehören:

- Einzelangaben über persönliche Verhältnisse wie Alter, Bildung, Krankheiten
- Daten über sachliche Verhältnisse von natürlichen Personen wie Vermögen oder Schulden

Datengeheimnis

Allen Personen, die Zugriff auf personenbezogene Daten haben, ist die unbefugte Nutzung und Weitergabe dieser Daten untersagt.

Rechte der betroffenen Bürger

- **Auskunft** über Art und Zweck der gespeicherten Daten
- **Berichtigung** von falsch gespeicherten Daten
- **Löschung** von unzulässig gespeicherten Daten

2 Wareneingang

Jeder Kaufmann ist verpflichtet, beim Wareneingang unverzüglich eine Wareneingangskontrolle durchzuführen. Dabei sind folgende Punkte zu berücksichtigen:

Äußere Prüfung der Warensendung	Inhaltliche Prüfung der Warensendung
– sofortige Prüfung in Anwesenheit des Frachtführers – Kontrolle der Anschrift auf dem Lieferschein – Ist die Verpackung unbeschädigt? – Entsprechen Anzahl und Gewicht der Versandstücke den Angaben auf Lieferschein und Bestellung? – Entspricht die gelieferte Ware den Angaben auf Lieferschein und Bestellung? ■ Beanstandungen vom Frachtführer schriftlich bestätigen lassen oder die Annahme verweigern	– Prüfung **unverzüglich**, d. h. ohne schuldhafte Verzögerung – Kontrolle der Warenmenge, Qualität, Art und Beschaffenheit – Vergleich mit den Angaben des Lieferscheins und der Bestellkopie – Mängel dem Lieferer **unverzüglich** mitteilen ■ **§ 377 HGB:** Ein Kaufmann ist verpflichtet, die Ware unverzüglich zu prüfen und Mängel unverzüglich dem Verkäufer anzuzeigen. Ansonsten gilt die Ware als genehmigt.

3 Warenlagerung

3.1 Aufgaben der Lagerhaltung

In Einzelhandelsunternehmen kommt der Warenlagerung eine besondere Bedeutung zu. Sie soll insbesondere folgende Aufgaben erfüllen:

(1) **Verkaufsbereitschaft sichern**	Die Vorratshaltung soll Schwankungen der Nachfrage ausgleichen.
(2) **zeitliche Überbrückung**	Das Lager ermöglicht einen zeitlichen Ausgleich zwischen Beschaffung und Verkauf.
(3) **Ausnutzung von Preisvorteilen**	Die Lagerhaltung ermöglicht Preisvorteile durch Rabatte beim Einkauf größerer Mengen und bei der Warenbeschaffung zu Zeiten niedriger Preise.
(4) **Umformung und Pflege**	Die Ware wird durch Umpack-, Sortier-, Umfüll- und Mischvorgänge in einen verkaufsfähigen Zustand gebracht.
(5) **Veredelung**	Durch die Lagerhaltung wird die Qualität der Ware erhöht.

3.2 Anforderungen an ein Lager

Um die oben genannten Aufgaben erfüllen zu können, muss im Lager besonders auf die folgenden Kriterien geachtet werden:

(1) **warengemäße Lagerung**	Einflüsse von Licht, Temperatur, Feuchtigkeit, Austrocknung, Schädlingen, Staub beachten
(2) **Geräumigkeit**	Das Lager muss genügend Raum bieten, um alle notwendigen Lagerarbeiten ungestört ausführen zu können.
(3) **Übersichtlichkeit**	Die gesuchte Ware muss ohne Verzögerungen auffindbar sein.
(4) **sachgerechte Lagereinrichtung**	Anpassung der Lagerausstattung an die Ware und an die Bedürfnisse des Lagerpersonals
(5) **Sicherheit**	Schutz vor Brand, Wasser, Diebstahl und Unfällen

3.3 Lagerarten

Ein Lager ist der Ort, an dem die Ware auf Vorrat aufbewahrt wird. In Einzelhandelsgeschäften unterscheidet man zwei Lagerarten:

Verkaufslager	▪ sind die Verkaufsräume eines Einzelhandelsgeschäftes ▪ Wichtig ist, die Ware verkaufswirksam anzuordnen.
Reservelager	▪ meist in der Nähe der Verkaufsräume ▪ dient zur schnellen Ergänzung der Bestände im Verkaufslager ▪ Waren, die erst ausgepackt, geprüft, ausgezeichnet werden müssen ▪ Saisonware und Ware, die selten verlangt wird

3.4 Lagerrisiken

Die Vorratshaltung von Waren birgt für den Einzelhändler bestimmte Risiken. Diese verursachen Kosten und sollten deshalb möglichst gering gehalten werden.

- Änderungen des Kundengeschmackes
- Ware läuft Gefahr, durch technischen Forschritt zu veralten.
- Schwund infolge von Verderb, Ablauf des Verfallsdatums, Verdunsten, Vertrocknen, Diebstahl
- Saisonwechsel mit Auswirkungen auf die Verkäufe der Ware
- Preisschwankungen beim Wareneinkauf

Zum Schutz der im Lager arbeitenden Menschen müssen die **Unfallverhütungsvorschriften** der jeweiligen Berufsgenossenschaften beachtet werden. Sie senken das Risiko von Arbeitsunfällen und sollen helfen, Berufskrankheiten zu verhindern. Die Einhaltung der Vorschriften wird von der zuständigen Berufsgenossenschaft überwacht. Bei Verstößen drohen den Unternehmen Sanktionen wie z. B. Geldbußen.

3.5 Lagerbestandsarten

(1) **Mindestbestand**	■ ist eine eiserne Reserve, die im normalen Geschäftsablauf nicht angegriffen werden soll ■ dient der Sicherung der Verkaufsbereitschaft bei unerwarteten Fällen wie Streiks, unvorhergesehener Nachfrage, Lieferstörungen
(2) **Meldebestand**	■ Wird dieser Bestand erreicht, muss der Einzelhändler nachbestellen, damit der Mindestbestand bei normaler Nachfrage nicht angegriffen werden muss. ■ Meldebestand = (Tagesabsatz · Lieferzeit) + Mindestbestand
(3) **Höchstbestand**	■ gibt an, welche Menge an Artikeln aus technischen oder wirtschaftlichen Gründen höchstens auf Lager sein darf ■ soll zu hohe Lagerbestände und die damit verbundenen Lagerkosten vermeiden

3.6 Lagerkosten

Die Lagerung von Waren verursacht hohe Kosten für Einzelhandelsunternehmen. Lagerkosten fallen in folgenden Bereichen an:

Lagerbestände	Lagerausstattung	Lagerverwaltung
■ Zinsen für das in den Lagerbeständen gebundene Kapital ■ Prämien für Versicherung der Lagerbestände ■ Wertverluste durch Schwund, Diebstahl, Verderb	■ Lagermiete ■ Reparaturen, Strom, Heizung ■ Abschreibungen auf Lagergebäude und Lagereinrichtungen ■ Zinsen für das in Lagerräume und Lagerausstattung investierte Kapital	■ Löhne und Gehälter der Lagermitarbeiter ■ Büromaterial ■ EDV-Ausstattung

3.7 Lagerkennzahlen

Lagerkennzahlen sind eine Hilfe, die Wirtschaftlichkeit des Lagers zu kontrollieren und dienen der Überwachung der Lagerkosten. Dies wird möglich durch einen

a) **Soll-Ist-Vergleich** der von der Führung vorgegebenen Daten (= Soll) mit den tatsächlich erreichten Werten (= Ist) oder einem

b) **Zeitvergleich** der aktuellen Kennzahlenwerte mit den Daten vergangener Abrechnungszeiträume.

(1) **durchschnittlicher Lagerbestand**	$= \frac{\text{Jahresanfangsbestand + 12 Monatsendbestände}}{13}$ ▪ gibt an, wie hoch der Vorratsbestand in Stück bzw. Euro in einem Jahr durchschnittlich war
(2) **Umschlagshäufigkeit**	$= \frac{\text{Jahresabsatz}}{\text{durchschnittlicher Lagerbestand}}$ ▪ zeigt, wie oft in einem Jahr der durchschnittliche Lagerbestand verkauft wurde
(3) **durchschnittliche Lagerdauer**	$= \frac{360}{\text{Umschlagshäufigkeit}}$ ▪ gibt an, wie lange die Ware im Durchschnitt auf Lager ist, bis sie verkauft wird
(4) **Lagerzinssatz**	$= \frac{\text{Jahreszinssatz} \cdot \text{durchschnittliche Lagerdauer}}{360}$ ▪ Das im Lager gebundene Kapital würde als Geldanlage bei einer Bank Zinsen bringen. Je höher der Lagerzinssatz, desto größer ist der Zinsverlust durch das gebundene Kapital.
(5) **Lagerzinsen**	$= \frac{\text{durchschnittl. Lagerbestand in EUR} \cdot \text{Lagerzinssatz}}{100}$ ▪ gibt die Kosten für das im Lager gebundene Kapital an

3.8 Maßnahmen zur Verbesserung der Lagerkennzahlen

Eine höhere Umschlagshäufigkeit bzw. eine Verkürzung der Lagerdauer kann erreicht werden durch:

- Festlegung von Höchstbeständen
- Straffung des Warenangebotes
- Kontrolle und Überwachung der Lagerbestände
- Abbau von Ladenhütern
- Senkung der Mindestbestände
- Förderung des Absatzes durch geeignete Marketing-Maßnahmen

Ein geringerer durchschnittlicher Lagerbestand führt zu einer geringeren Kapitalbindung und senkt die Lagerzinsen.

3.9 Hilfsmittel im Lager

Ein EDV-gestütztes Warenwirtschaftssystem gehört zu den wichtigsten Hilfsmitteln der Lagerverwaltung. Es ermöglicht eine **automatische Lagerung.** Darunter versteht man die automatische Erfassung und Steuerung der Lagervorgänge mithilfe der EDV. Warenwirtschaftssysteme liefern dabei Informationen und unterstützen folgende Arbeitsabläufe:

Erfassung der Wareneingangsdaten	■ Buchung des Wareneingangs ■ Art und Menge der Ware, Lieferer, Differenzen zwischen Bestellung und Lieferung ■ laufende Terminüberwachung der offenen Bestellungen
Lagerplatzverwaltung	■ Zuweisung von Lagerplätzen im Reservelager in Abhängigkeit von der Lagerplatzzuordnung: – **feste Lagerplatzzuordnung:** Jeder Artikel hat seinen festen Lagerort. – **chaotische Lagerplatzzuordnung:** Jede Ware wird dort gelagert, wo gerade ein freier Platz ist. ■ Überwachung der Warenbewegungen im Lager ■ artikelgenaue Führung der Lagerbestände ■ Darstellung und Auswertung von Lagerstatistiken ■ Ermittlung und Auswertung von Lagerkennzahlen
computergestützter Warenausgang	■ Erfassung der Warenentnahmen aus dem Reservelager in den Verkaufsraum ■ Erstellung von Lieferscheinen bei Auslieferungen an den Kunden ■ Tourenplanung über die EDV erleichtert die Transportabwicklung

Warenkontrolle durch Inventur	- Druck der Inventuraufnahmelisten - Erfassung der Bestände mittels Barcodelesegeräten - Korrektur der Buchbestände - Druck der Inventurlisten

3.10 Tätigkeiten im Lager

(1) Einlagerung der Ware

- mangelfreie Ware auszeichnen und dem Verkaufs- oder Reservelager zuführen
- Erfassung von Wareneingangsdaten (Art und Menge der Ware, Lieferer, Abweichungen zur Bestellung) im Wareneingangsbuch oder im Warenwirtschaftssystem
- Die Einlagerung der Ware gemäß Lagerplan kann nach folgenden Einlagerungsgesichtspunkten vorgenommen werden. Dabei sind auch die Grundsätze der Warenpräsentation und Warenplatzierung zu beachten.

- Ordnung nach Warengruppen
- Lagerung nach dem Preis der Ware
- Einlagerung nach der Zugriffshäufigkeit der Artikel
- Ordnung nach Bedarfsbündeln
- Einlagerung nach der Reihenfolge der Warenausgabe:
  - **Fifo-Methode** (**f**irst **i**n **f**irst **o**ut) – neue Ware wird hinter der alten einsortiert.
  - **Lifo-Methode** (**l**ast **i**n **f**irst **o**ut) – die zuletzt eingelagerte Ware wird zuerst wieder ausgelagert.

(2) Warenpflege und Warenmanipulation

- die Artikel warengerecht lagern
- Ware in einen verkaufsfertigen Zustand versetzen
- die Verwendungsreife der Waren erhöhen bzw. erhalten

(3) Auslagerung der Ware

- bei Bedarf Ware aus dem Reservelager in das Verkaufslager überführen
- Warenentnahmen im Warenwirtschaftssystem erfassen, damit die Lagerbestände aktualisiert werden
- Die Erfassung von Warenentnahmen durch die Kunden im Verkaufsraum erfolgt automatisch beim Verkauf an der Kasse.

(4) Lagerkontrolle durch Inventur

Begriff

▶ Inventur ist die art-, mengen- und wertmäßige Bestandsaufnahme aller Vermögensteile und Schulden.

▶ Jeder Kaufmann muss zu Beginn seines Handelsgewerbes sein Vermögen und seine Schulden feststellen und regelmäßig mindestens einmal im Geschäftsjahr eine Inventur durchführen.

Inventurarten

Körperliche Inventur	Buchinventur
Durch Messen, Zählen, Wiegen erfolgt eine Bestandsaufnahme aller körperlichen Gegenstände.	Ermittlung der Bestände des nicht körperlichen Vermögens und der Schulden aus den Daten der Finanzbuchhaltung

Stichtagsinventur	zeitlich verlegte Inventur	permanente Inventur
■ Inventur zum Bilanzstichtag am Ende des Geschäftsjahres ■ zeitnahe Durchführung +/– 10 Tage vor oder nach dem Bilanzstichtag ■ Bestandsveränderungen zwischen dem Tag der Bestandserfassung und dem Bilanzstichtag werden fortgeschrieben bzw. zurückgerechnet.	■ bis zu drei Monate vor bzw. zwei Monate nach dem Bilanzstichtag ■ Bestandsveränderungen zwischen dem Tag der Bestandserfassung und dem Bilanzstichtag werden fortgeschrieben bzw. zurückgerechnet.	■ Ermittlung der Vermögensbestände aus Lager- und Anlagekarteien ■ Überprüfung der Werte der Lager- und Anlagekarteien einmal im Jahr durch körperliche Bestandsaufnahme ■ Voraussetzung ist, dass alle Zu- und Abgänge in den Karteien erfasst werden.

Ablauf von Inventurarbeiten

Inventurvorbereitung	■ Inventuranweisungen für alle Unternehmensbereiche erstellen und die Aufnahmevorschriften festlegen: – Termin – Unternehmensbereiche – durchführende Personen – Hilfsmittel wie Erfassungsvordrucke und Aufnahmegeräte

Inventurdurchführung	▪ Zählen, Messen, Wiegen der Warenbestände ▪ Erfassung bzw. Eingabe der ermittelten Ist-Werte
Auswertung der Inventurergebnisse	▪ Feststellung von Differenzen von Soll- und Ist-Werten ▪ Anpassung der Sollbestände an die ermittelten Werte ▪ Analyse der Gründe von Inventurdifferenzen ▪ Erfassungsfehler bei der Bestandsaufnahme ▪ Fehler bei der Eingabe von Zugängen, Verderb, Bruch, Verkäufen in das Warenwirtschaftssystem ▪ Diebstahl ▪ Maßnahmen zur Vermeidung von Inventurdifferenzen ableiten – Diebstahlschutz – Schulung des Personals – Inventar aus den Ergebnissen der Inventur erstellen

D Einzelhandelsprozesse

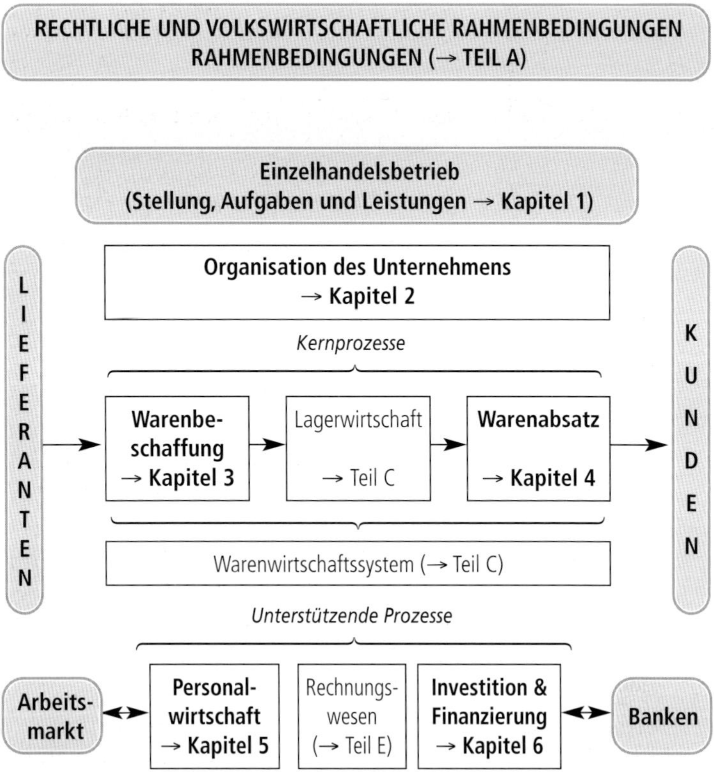

1 Stellung, Aufgaben und Leistungen des Einzelhandels

1.1 Stellung und Aufgaben

Die grundlegende volkswirtschaftliche Bedeutung des Einzelhandels liegt in der Versorgung der Endverbraucher mit Waren. Bei der Beschaffung und dem Absatz von Waren erfüllt der Einzelhandel folgende Kerntätigkeiten:

(1) Warenbeschaffung	■ Wareneinkauf in größeren Mengen beim Großhandel und bei den Herstellern
(2) Warenbereitstellung	■ Lagerung der eingekauften Produkte und Angebot eines kundengerechten Warensortiments
(3) Warenabsatz	■ Verkauf der Waren in kleineren Mengen und Beratung der Kunden

1.2 Leistungen

Einzelhandelsbetriebe bieten ihren Kunden und den Lieferanten folgende Leistungen:

Sortimentsbildung	■ Aus dem Angebot der Hersteller wird ein Sortiment zusammengestellt, welches den Bedürfnissen der Endverbraucher entspricht.
Beratung und Service	■ Weitergabe von Informationen über Beschaffenheit, Qualität, Verwendung der Waren an die Kunden
	■ Kundendienstleistungen (Service) erleichtern den Kunden den Wareneinkauf.
Lagerhaltung	■ Übernahme der Vorratshaltung für die Verbraucher
	■ Veredelung von Waren durch Reifen, Mischen, Rösten
Warenverteilung	■ Kauf von größeren Warenmengen und Weiterverkauf in haushaltsgerechten Mengen an die Endverbraucher
Marktbeobachtung	■ Weitergabe von Informationen über Änderungen der Einkommensverhältnisse, Qualitätsansprüche, Verbraucherbedürfnisse oder des Kundenverhaltens an die Hersteller

Absatzförderung	Produkte von Herstellern werden durch verschiedene Maßnahmen des Einzelhandels (Verkaufsförderung, Werbung, Warenplatzierung, Empfehlungen im Verkaufsgespräch) bekannt gemacht und der Verkauf gefördert.
Finanzierung	Kunden erhalten beim Kauf in Verbindung mit darauf spezialisierten Kreditinstituten die Möglichkeit von Ratenkrediten und Zahlungszielen.

2 Organisation

2.1 Grundbegriffe

Improvisation:

▸ fallweise Regelungen, die ungeplant und spontan in plötzlich auftretenden Situationen getroffen werden

Disposition:

▸ fallweise Regelungen, die im Rahmen einer Dauerregelung getroffen werden

Organisation:

▸ zielorientiertes Gesamtsystem von Dauerregelungen im Hinblick auf den Aufbau des Unternehmens (Aufbauorganisation) und den Ablauf der Unternehmensprozesse (Ablauforganisation)

2.2 Aufbauorganisation

Grundfragen der Aufbauorganisation:

- Wie sind die Aufgaben gegliedert?
- Welche Stellen sollen gebildet werden?
- Wer kann wem Weisungen erteilen?
- Wie ist die Unternehmenshierarchie aufgebaut? → Organigramm

Ablauf bei der Entwicklung einer Aufbauorganisation

1. Phase: Aufgabengliederung (Aufgabenanalyse):
   Die Gesamtaufgabe des Betriebes wird in sinnvolle Einzelaufgaben gegliedert.

2. Phase: Stellenbildung (Aufgabensynthese)
Zusammengehörende Einzelaufgaben werden zu Tätigkeitsbereichen (Stellen) zusammengefasst, die von einer Person (Stelleninhaber) erfüllt werden können.

3. Phase: Abteilungsbildung
Inhaltlich zusammengehörende Stellen werden unter einer Leitung zu einer Abteilung zusammengefasst.

4. Phase: Entwicklung einer Unternehmenshierarchie
Für jede Stelle wird festgelegt, welche Stellen über- und untergeordnet sind (Leitungs- und Weisungssystem).

Stellenarten

- **Ausführende Stellen**: Stellen, die keine Leitungsbefugnisse besitzen (z. B. Sachbearbeiter, Schreibkraft)
- **Instanzen (Weisungsstellen):** Stellen, die Anordnungs- und Entscheidungsbefugnisse gegenüber rangniedrigeren Stellen haben (z.B. Geschäftsführer, Abteilungsleiter)
- **Stabsstellen**: nicht weisungsberechtigte, beratende, meist von Experten besetzte Hilfsstellen der Instanzen, die Entscheidungen der Instanzen vorbereiten

Abteilungsgliederungsprinzipien

- Abteilungsgliederung **nach Objekten** (Beispiel: Abteilung Lebensmittel, Kleidung, Elektronik usw.)
- Abteilungsgliederung **nach Verrichtungen** (Beispiel: Einkauf, Lagerhaltung, Verkauf, Rechnungswesen)

Leitungssysteme

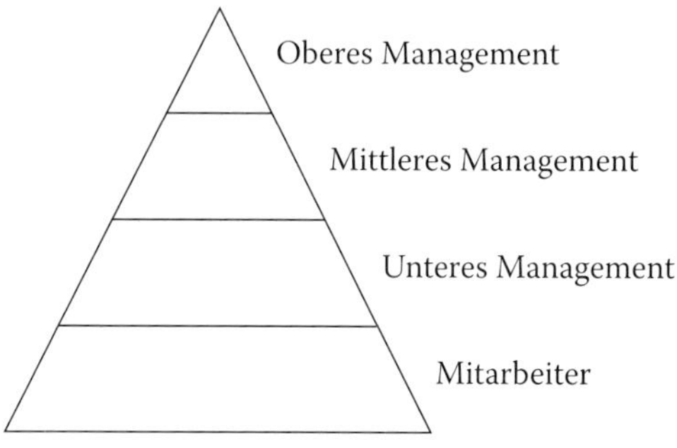

Einliniensystem

- Für jede Stelle gibt es nur ***eine*** übergeordnete Stelle, die Weisungen erteilt.
- Eine untergeordnete Stelle gibt Meldungen/Vorschläge nur an die unmittelbar übergeordnete Stelle weiter.

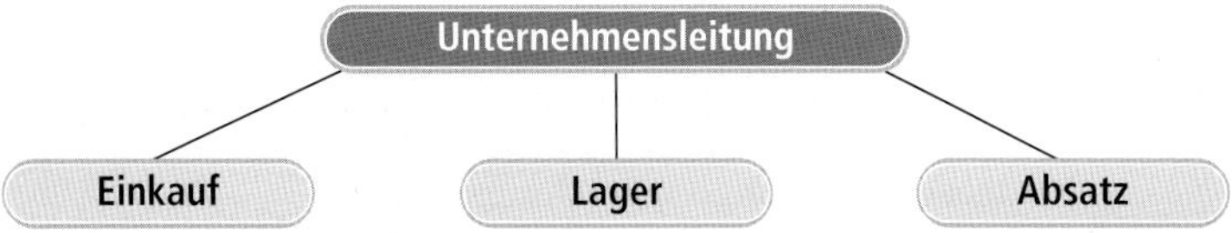

Mehrliniensystem

Mindestens eine untergeordnete Stelle erhält Weisungen von ***mehreren*** übergeordneten Stellen.

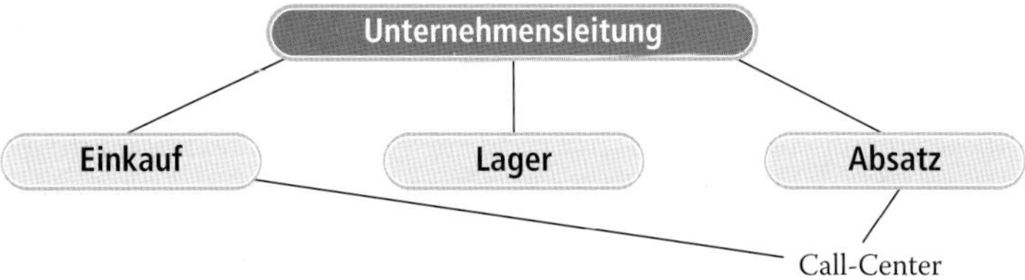

Stabliniensystem

Der Unternehmensaufbau beinhaltet Stabsstellen, die die Linienstellen entlasten.

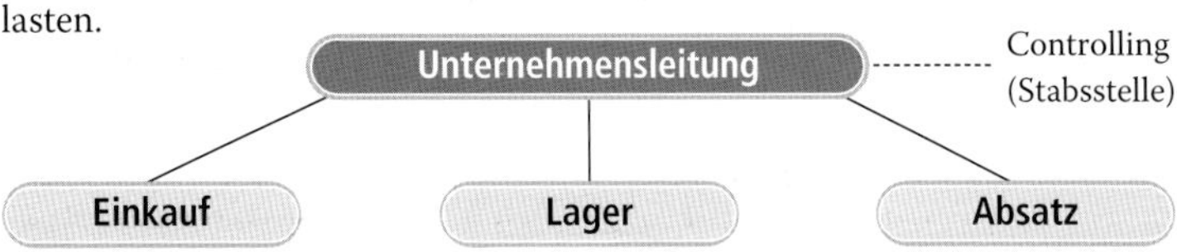

Matrixorganisation

- Kombination zweier gleichberechtigter Hierarchieebenen: funktionsorientierte Organisation (z. B. Abteilung Einkauf) und produktorientierte Organisation (z. B. Produktmanager)
- Weiterentwicklung des Mehrliniensystems, da jede Teilfunktion von zwei Entscheidungslinien beeinflusst wird

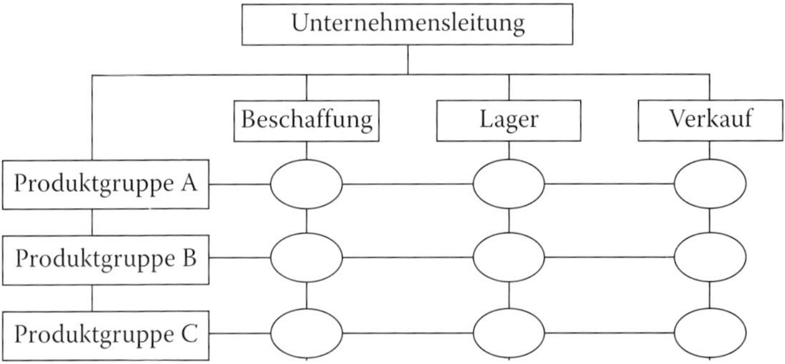

Vorteile	Nachteile
– Förderung der Teamarbeit – Entlastung der Unternehmensleitung – Verbesserung der Qualität von Problemlösungen durch das Einbringen verschiedener Denkansätze	– Gefahr von Kompetenzstreitigkeiten – langwierige Abstimmungsprozesse notwendig

2.3 Ablauforganisation

Unter Ablauforganisation versteht man die Gestaltung der Arbeitsprozesse zur Erfüllung betrieblicher Teilaufgaben.

Ziele der Ablauforganisation

- optimale Auslastung der Kapazitäten (Arbeitskräfte und Betriebsmittel)
- Minimierung der Durchlaufzeiten (= Zeit zur Abwicklung der Arbeitsprozesse)

Dilemma der Ablauforganisation

- Zielkonflikte bei dem Versuch, beide Ziele der Ablauforganisation gleichzeitig zu erreichen

Aufgaben der Ablauforganisation

Die Ablauforganisation gestaltet die Arbeitsabläufe im Hinblick auf

- den Arbeitsinhalt (Was ist im Einzelnen zu machen?)
- die Arbeitszeit (Wie lange dauert es?)
- den Arbeitsraum (Wo wird es gemacht?)
- die Arbeitszuordnung (Wer macht was?).

3 Beschaffung

(siehe auch Kapitel C. Warenwirtschaft im Einzelhandel)

3.1 Bedarfsermittlung und Planung des Sortiments

Der Bedarf der Kunden bildet die Grundlage für die Warenbeschaffung in Einzelhandelsbetrieben. Ein Einzelhandelsunternehmen steht also vor der Aufgabe, Art, Qualität und Menge der von den Kunden zu einem bestimmten Zeitpunkt benötigten Waren zu bestimmen. Dazu stehen folgende Orientierungsmöglichkeiten zur Verfügung:

- Umsatz- und Absatzstatistiken vergangener Perioden aus dem Warenwirtschaftssystem
- Anfragen von Kunden
- Berichte von Verkäufern
- Verbandsmitteilungen und Berichte in Fachzeitschriften über neue technische Entwicklungen und Modetrends
- statistische Daten zu Alter, Geschlecht, Ausbildung, Einkommen, Kaufgewohnheiten von Nachfragern
- Analyse von Verkaufsdaten

Moderne Kassensysteme ermöglichen es dem Einzelhandelsunternehmen, im Warenwirtschaftssystem Verkaufsdaten zu erfassen über:

- Waren: Verkaufszahlen eines Artikels oder von Warengruppen
- Zahlungsmittel: Anteil der Zahlungen mit Kundenkarte
- Personal: Bedienungszeiten, verkaufte Artikel pro Kunde, Umsätze
- Kunden: Einzugsgebiet des Geschäftes

3.2 Optimale Bestellmenge

Ein Grundproblem im Rahmen der Einkaufsplanung ist, einen Ausgleich zu finden zwischen den Kosten eines zu hohen Lagerbestandes und Problemen mit der Verkaufsbereitschaft, wenn die Lagerbestände zu gering sind.

Vorteile hoher Bestellmengen	Nachteile einer zu hohen Bestellmenge
– weniger Lieferungen → geringere Transportkosten – Mengenrabatte – hohe Verkaufsbereitschaft	– hohe Lagerkosten (Energiekosten, Raumkosten) – Kosten für das im Lager gebundene Kapital – höheres Lagerrisiko (Modewechsel, Verderb, Veraltern)

Einzelhandelsbetriebe streben nach einer **optimalen Bestellmenge.** Hier sind die Nachteile eines zu hohen bzw. eines zu geringen Lagerbestandes ausgeglichen. Rein rechnerisch betrachtet ist die Bestellmenge dann optimal, wenn die Gesamtkosten (= Bestellkosten + Lagerkosten) am niedrigsten sind.

3.3 Limitrechnung

- Die Limitrechnung ist ein Instrument der Einkaufsplanung und kann zur Bestimmung der Einkaufsmenge angewandt werden.
- Ein Limit gibt an, für welchen Betrag bzw. bis zu welcher Menge in einem bestimmten Zeitabschnitt Waren einer Warengruppe eingekauft werden dürfen.
- Der Einsatz der Limitrechnung ermöglicht eine Planung und Kontrolle der finanziellen Verhältnisse im Beschaffungsbereich.
- Das Warenwirtschaftssystem stellt die notwendigen Daten für die Limitplanung zur Verfügung.

Durchführung der Limitrechnung:

Bruttolimit	Planverkäufe einer Warengruppe zu Einkaufspreisen
+ Lageraufbau	geplante Erhöhung des Lagerbestandes
– Lagerabbau	geplante Senkung des Lagerbestandes
= **Nettolimit**	
– Limitreserve	geplant aus Sicherheitsgründen oder für Nachbestellungen
freies Limit	Betrag, für den im Rahmen vorhersehbarer Bestellungen eingekauft werden darf

Limitkontrolle

Die Limitkontrolle ist ein Hilfsmittel zur Eindämmung des Beschaffungsrisikos. Sie hat insbesondere folgende Aufgaben:

- Kontrolle, dass die vorgegebenen Limits eingehalten werden
- Anpassung der Limits bei Änderungen wie Nachfragesteigerungen

3.4 Optimaler Bestellzeitpunkt

Ziel der Zeitplanung ist es, die Waren zum optimalen Zeitpunkt zu beschaffen, d. h., dass

a) die Waren nicht zu spät beschafft werden, damit es zu keinen Verkaufsengpässen und damit zu Gewinneinbußen oder Imageverlusten kommt.

b) die Waren nicht zu früh beschafft werden, um unnötige Lagerkosten zu vermeiden.

Methoden zur Ermittlung des Bestellzeitpunktes:

Bestellrhythmusverfahren	Bestellpunktverfahren
Die Bestellung erfolgt in regelmäßigen Zeitabständen, insbesondere bei Waren mit einem annähernd gleichen Absatz.	Die Ware wird immer dann bestellt, wenn der **Meldebestand** erreicht ist.

Weitere Einflussgrößen zur Bestimmung des Bestellzeitpunktes:

- Haltbarkeit der Ware
- bisheriger Absatz
- Lieferzeiten
- Liquiditätssituation
- saisonale Bedingungen
- Preisentwicklungen
- Lagermöglichkeiten

3.5 Bezugsquellenermittlung

Die Frage „Wo soll bestellt werden?“ bildet einen wichtigen Bestandteil der Beschaffungsplanung. Man unterscheidet:

interne Informationsmöglichkeiten für Bezugsquellen	externe Informationsmöglichkeiten für Bezugsquellen
■ Lieferantendatei des Warenwirtschaftssystems ■ Artikeldatei des Warenwirtschaftssystems ■ Berichtswesen im Rahmen des betrieblichen Controllings	■ Fachzeitschriften, Kataloge, Prospekte ■ Ausstellungen und Messen ■ Institutionen wie die IHK, Wirtschaftsverbände, Großhändler, Kreditinstitute ■ Internet ■ „Gelbe Seiten" ■ „Wer liefert was?" ■ „ABC der Deutschen Wirtschaft"

3.6 Anfrage

Wirtschaftliche und rechtliche Bedeutung:

Eine Anfrage dient der Anbahnung von Geschäften und ist **rechtlich unverbindlich**.

Formen der Anfrage

Allgemeine Anfragen	Spezielle Anfragen
▪ Anfragen nach allgemeinen Informationsmaterialien wie Katalogen, Mustern, Preislisten	▪ Bitte um genaue Informationen über konkrete Artikel, Liefertermine, Liefer- und Zahlungsbedingungen etc.

3.7 Angebot und Angebotsvergleich

Wirtschaftliche und rechtliche Bedeutung

Angebote richten sich an eine bestimmte Person oder Gruppe von Personen (z. B. Schulklassen). Sie sind **rechtlich bindend**.

Kriterien des Angebotsvergleiches

Angebotsvergleiche dienen der Auswahl geeigneter Lieferanten. Wichtige Beurteilungskriterien sind:

Bezugs-/Einstandspreis; dieser wird mit dem folgenden Schema berechnet:

Listeneinkaufspreis
– Liefererrabatt

= **Zieleinkaufspreis**
– Liefererskonto

= **Bareinkaufspreis**
+ Bezugskosten
Verpackungskosten
Transportkosten
Transportversicherung
Zölle

= **Bezugspreis**

Qualitative Kriterien wie:

- Qualität der angebotenen Ware
- Mindestabnahmemengen
- mögliche Liefermengen
- Liefertermin und Lieferzeit
- Zuverlässigkeit des Lieferanten
- Kundendienst und Serviceleistungen
- Verhalten bei Reklamationen
- Flexibilität (z. B. bei Änderungen der Bestellmenge)

3.8 Bestellung

Eine Bestellung ist wie ein Angebot **rechtlich bindend**. Im Hinblick auf das Zustandekommen von Kaufverträgen unterscheidet man folgende Möglichkeiten:

(1) Entspricht eine Bestellung dem vorausgegangenen Angebot, kommt ein Kaufvertrag zustande.

(2) Weicht die Bestellung von einem vorausgegangenen Angebot ab, gilt die Bestellung als neuer Antrag, der erst vom Lieferanten angenommen werden muss.

(3) Eine verspätete Bestellung oder eine Bestellung ohne vorausgehendes Angebot stellt einen Antrag zum Abschluss eines Kaufvertrages dar.

3.9 Terminüberwachung

Einzelhandelsbetriebe müssen ständig überprüfen, dass die vereinbarten Liefertermine von den Lieferanten eingehalten werden, um

- ihre Verkaufsbereitschaft zu sichern,
- die Rechte aus dem Lieferungsverzug zu wahren.

Eine wichtige Hilfe zur Überwachung der Liefertermine ist das Warenwirtschaftssystem.

4 Absatz

4.1 Grundbegriffe

Bevor ein Marketingkonzept entwickelt werden kann, sollten zunächst Informationen über den Markt und die Kunden erhoben werden. Geschieht dies systematisch, spricht man von ***Marktforschung***.

Unter ***Marketing*** versteht man die Summe aller absatzfördernden Maßnahmen. Es handelt sich dabei um einen Mix von verschiedenen Maßnahmen. Deshalb wird auch vom ***Marketing-Mix*** gesprochen. Der Marketing-Mix besteht aus den Elementen Produkt- und Sortimentspolitik, Preis- und Konditionenpolitik, Kommunikationspolitik und Distributionspolitik.

Ein wichtiges Ziel eines erfolgreichen Marketing ist z. B. die Erhöhung des eigenen Marktanteils.

Marktvolumen und Marktanteil

- Marktvolumen (s. u., gesamter Kreis): Gesamtumsatz des Lebensmitteleinzelhandels (z. B. 158,4 Mrd. im Jahr 2008)
- Marktanteil (s. u. Kreissegment): z. B. Umsatzanteil der EDEKA-Gruppe (21,4 % vom Marktvolumen im Jahr 2008)

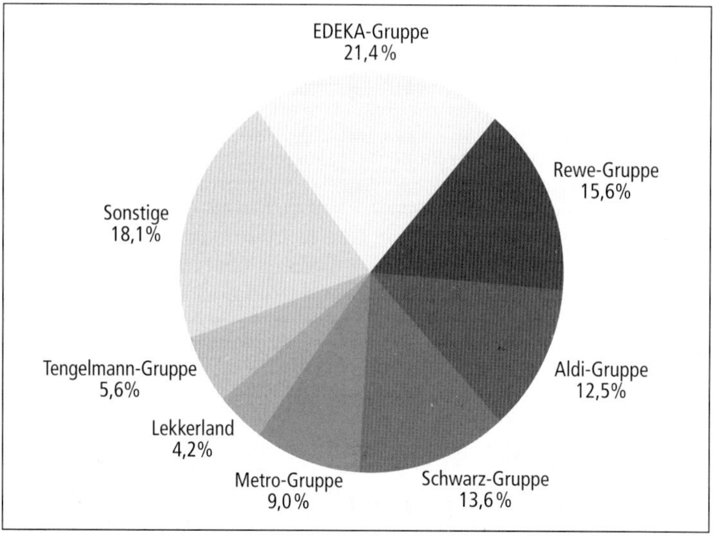

Quelle: RVE

4.2 Marktforschung

Markterkundung
unsystematische Erfassung und Analyse von Marktdaten

z. B. Gespräche mit Kunden und Vertretern, Sichtung von Prospektmaterial und Fachartikeln

Marktforschung
systematische Gewinnung und Auswertung von Informationen

Unterscheidung nach dem Beobachtungszeitraum

Marktanalyse	***Marktbeobachtung***
Ermittlung der Marktverhältnisse zu einem bestimmten Zeitpunkt	Ermittlung der Marktverhältnisse über einen längeren Zeitraum hinweg

nach der Art der Gewinnung der Informationen

Primärforschung	***Sekundärforschung***
Ersterhebung der gewünschten Informationen	Auswertung bereits vorhandener Informationsquellen
z. B. durch Fragebögen, Interviews, Experimente	z. B. Auswertung von unternehmensinternen und externen Statistiken und Marktforschungsergebnissen

Marktprognose
Abschätzung der Entwicklung der Marktverhältnisse

4.3 Marketing-Mix

4.3.1 Produkt- und Sortimentspolitik

Produktpolitik

Produktgestaltung:

▶ Die Produkte sollen den Verbraucherwünschen bestmöglich entsprechen, z. B. hinsichtlich Farbe, Form, Qualität, Material, Komfort, Verpackung, Produktname, Service, Kundendienst, Garantieleistungen u. Ä.

Produktinnovation:

▶ Konzeption eines völlig neuartigen Produkts (Produktentwicklung) oder neuer Produkteigenschaften für ein bereits existierendes Produkt (Produktverbesserung)

Produktvariation:

▶ Anbieten von verschiedenen Produktvarianten z. B. hinsichtlich Qualität, Ausstattung, Material, Design, um möglichst individuell auf den Kunden eingehen zu können

Produktelimination:

▶ Aus Kosten- und/oder Absatzgründen wird ein Produkt nicht mehr angeboten.

Sortimentspolitik:

▶ Gestaltung des Warenangebots im Hinblick auf die Sortimentsbreite und die Sortimentstiefe *(→ Kapitel B. 2.1 Sortimentsgestaltung).*

4.3.2 Preis- und Konditionenpolitik

Preissetzung:

▶ Die Festlegung des Absatzpreises erfolgt kostenorientiert (Welche Kosten habe ich? Welchen Gewinnzuschlag setze ich an? → Rechnungswesen, Handelskalkulation), konkurrenzorientiert (Welche Preise verlangt die Konkurrenz?) und nachfrageorientiert (Welchen Preis ist der Kunde bereit zu zahlen?).

Preisdifferenzierung:

▶ Sie kann räumlich (z. B. unterschiedliche Preise in unterschiedlichen Ländern), zeitlich (z. B. Winterschlussverkauf), personenorientiert (z. B. günstigere Preise für besonders gute Kunden) oder mengenorientiert (z. B. 500-Gramm-Packung günstiger als fünf 100-Gramm-Packungen) erfolgen.

Konditionen:

- Regelungen im Hinblick auf Preisnachlässe (Rabatt, Skonto, Bonus), Lieferbedingungen (z. B. Lieferung frei Haus) und sonstige Zahlungsbedingungen (z. B. Zahlungsziel)

4.3.3 Kommunikationspolitik

Werbung verfolgt das Ziel, die Kaufentscheidung der Kunden für ein Produkt herbeizuführen.
Grundsätze der Werbung:

- Wirksamkeit: Mit Werbung soll eine Wirkung beim Kunden erzielt werden.
- Wirtschaftlichkeit: Das Kosten-Nutzen-Verhältnis der Werbung soll stimmen (→ Werbeerfolgskontrolle).
- Klarheit: Dem Kunden soll eine klare Werbebotschaft vermittelt werden.
- Wahrheit: Die Werbung soll in ihrer Sachaussage der Wahrheit entsprechen.

AIDA-Formel der Werbewirksamkeit

A	=	Attention	→	Aufmerksamkeit wecken
I	=	Interest	→	für Produkt interessieren
D	=	Desire	→	Besitzwünsche des Kunden wecken
A	=	Action	→	zur Kaufhandlung aktivieren

Werbeplanung

- Werbeziel: Was will man mit der Werbeaktion erreichen?
- Werbeetat: Wie viel Geld steht für die Werbung zur Verfügung?
- Zielgruppe: Welcher Kundenkreis soll angesprochen werden?
- Werbeobjekt: Für welches Produkt soll geworben werden?
- Werbemittel: Mit welchen Mitteln (verkörperte Werbebotschaften wie Anzeigen, Fernsehspots, Flugblätter, Prospekte, Plakate, Warenproben usw.) soll geworben werden?
- Werbeträger: Über welche personellen oder stofflichen Streumittel (z. B. Zeitungen, Zeitschriften, Fernseher, Hörfunk, Litfaßsäulen, Messen etc.) soll die Werbung übermittelt werden?
- Streugebiet: In welchem Gebiet soll geworben werden?

- Streuzeit: Zu welchen Terminen und wie lange soll geworben werden?
- Werbeerfolgskontrolle: Wie viel zusätzlicher Umsatz steht welchen Kosten gegenüber? Wichtig hierbei: Auch der außerökonomische und nicht messbare Werbeerfolg wie etwa Imagegewinn u. Ä. ist zu berücksichtigen.

Werbearten

- Herstellerwerbung: Ein Hersteller wirbt für sein Produkt.
- Einzelhandelswerbung: Ein Einzelhändler betreibt Werbung für Produkte seines Sortiments.
- Produktwerbung: Werbung für ein Produkt
- Sortimentswerbung: Werbung für ein ganzes Sortiment oder eine Warengruppe
- Einführungswerbung: Werbung bei Neueinführung eines Produkts
- Expansionswerbung: Werbung mit dem Ziel, den Umsatz für das Produkt zu steigern
- Erhaltungs- bzw. Erinnerungswerbung: Werbung mit dem Ziel, die bisherigen Umsätze beizubehalten
- Einzelwerbung: Ein Anbieter wirbt für seine Produkte.
- Sammelwerbung: Mehrere Anbieter, deren Firmennamen einzeln aufgeführt werden, werben gemeinsam für ihre Produkte.
- Gemeinschaftswerbung: Mehrere Anbieter, deren Firmennamen **nicht** aufgeführt werden, werben für ihre Produkte bzw. ihre Branche.

Public Relations

▸ *Public Relations (PR)* verfolgt das Ziel, das Image des Unternehmens in der Öffentlichkeit zu verbessern bzw. den guten Ruf und das Ansehen zu erhalten. Hier steht das Unternehmen als Ganzes im Vordergrund und nicht die Absatzsteigerung einzelner Produkte. Maßnahmen im Rahmen der PR eines Unternehmens sind beispielsweise Tage der offenen Tür, Spenden, Sponsoring von Kunst, Kultur und Sportveranstaltungen u. Ä. Wichtig ist dabei, dass die Ereignisse über die Medien verbreitet werden (Motto: „Tue Gutes – und sorge dafür, dass andere darüber reden!").

Sales Promotion (Verkaufsförderung)

Unter Sales Promotion (Verkaufsförderung) versteht man gezielte Maßnahmen des Herstellers, die unmittelbar am Käufer bzw. Verkäufer direkt am Verkaufsort ansetzen, um den Absatz seiner Produkte zu unterstützen. Maßnahmen der Verkaufsförderung sind z. B. Preisausschreiben, Gutscheinaktionen, Geschmacksproben, günstige Warenplatzierung, Einsatz von Verkaufspropagandisten, Verkäuferschulungen u. Ä.

4.3.4 Distributionspolitik

▶ Unter den Begriff Distributionspolitik (lat. distribuere = verteilen) fallen alle Aspekte der Frage, wie das Produkt physisch, also körperlich, vom Hersteller bzw. Händler zum Kunden gelangt. Damit sind vor allem die organisatorische Ausgestaltung des Absatzsystems und die Auswahl der geeigneten Absatzwege gemeint.

Direkter Absatz: Hersteller übernimmt sämtliche Verteilungsfunktionen bis zum Endverbraucher.

Indirekter Absatz: Hersteller verkauft seine Produkte über Absatzmittler wie den Großhandel und den Einzelhandel.

E-Commerce: Elektronischer Handel, also Anbieten der Ware über Onlineshops bzw. im Internet

E-Business: Elektronische Abwicklung von Geschäftsprozessen wie Beschaffung und Absatz. E-Business kann also auch E-Commerce beinhalten, E-Commerce ist jedoch nur ein Teilbereich des E-Business.

4.4 Rechtliche Vorgaben

4.4.1 Preisangabenverordnung (PAngV)

Die **Preisangabenverordnung** (PAngV) verpflichtet Einzelhandelsunternehmen, die Ware oder Dienstleistungen an Endverbraucher anbieten, zur Preisauszeichnung. Dadurch soll für die Kunden die Möglichkeit für einen klaren Preisvergleich geschaffen werden.

Preisauszeichnungspflicht besteht für Waren

- in Schaufenstern
- in Schaukästen
- im Verkaufsraum
- die sichtbar außerhalb des Verkaufsraumes aufgestellt werden
- die vom Kunden unmittelbar entnommen werden können

Keine Auszeichnungspflicht besteht für folgende Waren:

- Kunstgegenstände und Antiquitäten
- Blumen und Pflanzen, die unmittelbar vom Freiland oder Treibhaus verkauft werden

Die Preise müssen leicht erkennbar, deutlich lesbar und der Ware eindeutig zuzuordnen sein. Die Grundsätze von **Preiswahrheit** und **Preisklarheit** sind zu beachten. Die Preisetikettierung kann auf verschiedene Arten erfolgen:

- an der Ware
- am Warenträger (z. B. am Regal)
- auf Preislisten (z. B. in Musterbüchern)

Angaben auf dem Preisschild:

gesetzlich vorgeschriebene Angaben	freiwillige Angaben
▪ Bruttoverkaufspreis einschließlich Umsatzsteuer ▪ Mengeneinheit ▪ Grundpreis je Mengeneinheit ▪ Endpreis für die gesamte Verpackungseinheit ▪ handelsübliche Gütebezeichnung	▪ Eingangsdatum – zur Kontrolle der Lagerdauer ▪ Lieferantennummer – für leichtere Nachbestellungen und Mängelrügen ▪ Artikelnummer – zur Hilfe bei der Inventur ▪ verschlüsselter Einkaufspreis – zeigt Spielräume bei Preisverhandlungen an

Verstöße gegen die Preisangabenverordnung werden vom Gewerbeaufsichtsamt überwacht und können mit Bußgeldern geahndet werden.

4.4.2 Gesetz gegen unlauteren Wettbewerb (UWG)

▸ Das Gesetz dient dem Schutz von Verbrauchern und Mitbewerbern sowie sonstiger Marktteilnehmer, indem es unlautere Wettbewerbshandlungen zum Nachteil dieser Gruppen verbietet. Verstöße gegen das UWG sind strafbar. Möglich sind Geld- und Freiheitsstrafen.

Beispiele für verbotene Wettbewerbshandlungen:

unlauterer Wettbewerb	**psychologischer Kaufzwang:** Ausnutzung von Zwangslagen oder geschäftliche Unerfahrenheit der Kunden, Drohungen **üble Nachrede:** Verbreitung von geschäftsschädigenden Behauptungen über Konkurrenten **Schleichwerbung:** Kunden können nicht erkennen, dass es sich um eine Werbebotschaft handelt **Anlocken von Kunden:** Kunden werden durch geschmacklose, aufdringliche oder lästige Werbung in das Geschäft gelockt

irreführende Werbung	**irreführende Preise:** wie überhöhte Ausgangspreise (Mondpreise), die den Verbrauchern hohe Preisnachlässe vortäuschen **Lockvogelwerbung:** Sonderangebote sind nicht in ausreichenden Mengen vorhanden und dienen nur dazu, die Kunden in das Geschäft zu locken. **Mogelpackungen:** Verpackungen mit übertriebenen Abmessungen
vergleichende Werbung	Ein Vergleich der eigenen Produkte mit denen von Mitbewerbern in der Werbung ist erlaubt, wenn objektive und nachprüfbare Eigenschaften herangezogen werden und der Konkurrent nicht herabgesetzt oder verunglimpft wird.
unzumutbare Belästigung	durch Werbung per Telefon, Fax oder E-Mail, wenn der Verbraucher zuvor nicht zugestimmt hat

4.5 Kooperationsmöglichkeiten

4.5.1 Rack Jobber

- Rack Jobbing ist eine Form der Zusammenarbeit zwischen Einzelhändler und Großhändler, um den Warenabsatz zu sichern und zu steigern.
- Der Regalgroßhändler (Rack Jobber) mietet einen Teil der Verkaufsregale des Einzelhändlers an und übernimmt die Betreuung der Regale (Preisauszeichnung, Auffüllen).
- Nicht verkaufte Ware wird vom Rack Jobber zurückgenommen.
- Der Einzelhändler erhält vom Regalgroßhändler eine Umsatzprovision.
- Beispiele für Rack Jobber: Tchibo, Wenco

4.5.2 Franchising

- Franchising ist eine Form der Zusammenarbeit von Unternehmen verschiedener Wirtschaftsstufen (**vertikale Kooperation**).
- Der Franchisegeber (Hersteller, Händler) räumt den Franchisenehmern das Recht ein, Waren oder Dienstleistungen und Verwendung seines Markennamens und Beschaffungs-, Vertriebs- bzw. Organisationskonzeptes anzubieten.
- Beispiele für Franchising: McDonalds, OBI, Nordsee, Benetton

Vorteile für den Franchisenehmer	Nachteile für den Franchisenehmer
▪ weitgehende Selbstständigkeit im Rahmen der vertraglichen Vereinbarungen ▪ Nutzung des Marketing-Konzeptes des Franchisegebers ▪ Absatzförderung durch einheitliche Werbung, Verkaufsraumgestaltung, Sortiment ▪ Dienstleistungen des Franchisegebers wie Schulungen, zentrales Rechnungswesen, Werbung	▪ Übernahme der Vertriebskosten und des Absatzrisikos ▪ langfristige Bindung an das Konzept des Franchisegebers ▪ hohe Kosten beim Eintritt und laufende Franchisingentgelte ▪ keine selbstständigen sortimentspolitischen Entscheidungen

4.5.3 Verkauf von Kommissionsware

- Kauft ein Einzelhändler Ware auf Kommission, wird er nur Besitzer der Ware, nicht Eigentümer.
- Er verkauft die Produkte im Auftrag des Lieferanten und kann nicht verkaufte Ware wieder zurückgeben.
- Der Verkauf der Kommissionsware erfolgt im Namen des Einzelhändlers (**Kommissionärs**) aber auf Rechnung des Lieferanten (**Kommittenten**).
- Nach dem erfolgten Verkauf der Ware führt der Einzelhändler den erhaltenen Rechnungsbetrag abzüglich einer Provision an den Lieferanten ab.
- Vorteile des Einzelhandelsunternehmens sind:
  – eine risikolose Einführung neuer Waren
  – geringere Kapitalbindung im Einkauf
  – Absatzrisiko liegt beim Lieferanten

5 Personalwirtschaft

5.1 Ziele und Aufgaben

Oberziel: Optimale Nutzung der Ressource Mitarbeiter (→ Optimierung der Arbeitsleistung)

Unterziele:
– Optimierung der Mitarbeitermotivation und Arbeitszufriedenheit
– effizienter Einsatz der Mitarbeiter durch Optimierung der Leistungsfähigkeit im Verhältnis zu den Personalkosten

Aufgaben:
- Personalbedarfsplanung
- Personalbeschaffung
- Personaleinsatzplanung (Einsatz des Personals nach Qualifikation und Bedarf)
- Personalverwaltung
- Personalführung und -entwicklung
- Arbeitsbewertung und Entlohnung
- Lohn- und Gehaltsabrechnung
- Personalfreisetzung

5.2 Personalbedarfsplanung

▶ Die Personalbedarfsplanung hat die Aufgabe, die Zahl (= ***quantitative Personalplanung***) sowie die Anforderungen und den Einsatzort/-zeitpunkt für jetzige und künftige Mitarbeiter (= ***qualitative Personalplanung***) festzulegen. Dabei ist sie von einer Vielzahl von unternehmensinternen und unternehmensexternen Einflussfaktoren abhängig.

Unternehmensinterne Einflussfaktoren	Unternehmensexterne Einflussfaktoren
– jetziger Personalbestand – Gewinnerwartungen – Absatzplanung – Rationalisierungsmaßnahmen – Unternehmenspolitik – Fehlzeiten und Fluktuation	– technischer Fortschritt – gesamtwirtschaftliche Entwicklungen (Konjunktur, Inflation, Arbeitslosigkeit etc.) – staatliche Wirtschafts- und Sozialpolitik (z. B. Steuerrecht, Arbeitsrecht) – Tarifvertragsänderungen – Nachfrage- und Branchenentwicklung – Konkurrenzsituation

Arten des Personalbedarfs
- **Ersatzbedarf** für ausscheidende Mitarbeiter (Fluktuation)
- **Zusatzbedarf** für die Verwirklichung von Kapazitätserweiterungen, z. B. durch neue Ladenflächen
- **Nachholbedarf** für Stellen, die bis zum Zeitpunkt der Personalbeschaffung zwar vorgesehen, aber nicht besetzt sind

Beispiel für eine Personalbedarfsrechnung:

Sollpersonalbestand	***50***
Abgänge aus Altersgründen:	4
Abgänge durch Schwangerschaften bzw. Erziehungsurlaub:	3
sonstige Abgänge (z. B. Kündigungen):	1
Peronalbestand nach Abgängen:	***42***
Ersatzbedarf	***8***
– Übernahme von Auszubildenden:	2
+ Zusatzbedarf wegen neuer Filiale	3
Netto-Personalbedarf (gesamt):	***9***

5.3 Personalbeschaffung

Unter ***Personalbeschaffung*** versteht man die Aufgabe des Personalmanagements, die von einem Unternehmen benötigten Arbeitskräfte in qualitativer, quantitativer, zeitlicher und räumlicher Hinsicht zu beschaffen.

Hierbei ist zwischen der *unternehmensinternen* und der *unternehmensexternen Personalbeschaffung* zu unterscheiden.

Unternehmensinterne Personalbeschaffung	Unternehmensexterne Personalbeschaffung
Die freiwerdende Stelle wird mithilfe einer internen Stellenausschreibung durch eine Arbeitskraft aus dem eigenen Unternehmen besetzt.	Die freiwerdende Stelle wird mit einem externen Bewerber besetzt. Dazu wird eine Stellenanzeige veröffentlicht (z. B. Zeitungsinserat, Arbeitsamt).
Vorteile (= Nachteile der externen Personalbeschaffung)	Vorteile (= Nachteile der internen Personalbeschaffung)
– Mitarbeiter sind dem Unternehmen bereits bekannt – höhere Identifikation mit dem Unternehmen – geringerer Einarbeitungsaufwand – Motivation für Kollegen durch innerbetriebliche Aufstiegsmöglichkeiten	– große Auswahlmöglichkeit – neue Ideen und Impulse für das Unternehmen – keine innerbetrieblichen Konflikte, wenn mehrere interne Interessenten für eine Stelle da sind

Ablauf des Auswahlverfahrens

Personalbedarf

▼

Personalanforderung

▼

interne Stellenausschreibung bzw. Stellenanzeige (bei externer Personalbeschaffung) auf der Basis der Stellenbeschreibung (= internes Papier, das den Aufgabenbereich und die damit verbundenen Anforderungen an die Stelle dokumentiert)

▼

Bewertungseingang und erste Vorauswahl

▼

Einladung zum Vorstellungsgespräch (ggf. auch zum Einstellungstest, Assessment-Center)

▼

Entscheidung und Einstellung

Alternative Personalleasing (Zeitarbeit)

Personalleasing-Unternehmen verleihen bei ihnen beschäftigte Arbeitnehmer an ein Unternehmen und schließen mit diesem einen Arbeitnehmerüberlassungsvertrag. Zeitarbeiter bleiben Mitarbeiter des Personalleasing-Unternehmens, arbeiten aber für und auf Anweisung des Entleihers.

5.4 Personalverwaltung

Als Personalverwaltung bezeichnet man die Abwicklung aller routinemäßigen Aufgaben des Personalbereichs:

- **Führen der Personalakte**
  Über jeden Mitarbeiter ist eine Akte zu führen, in der alle Unterlagen, die mit dem Arbeitsverhältnis im Zusammenhang stehen (z. B. Arbeitsvertrag, Vertragsänderungen, Abmahnungen, Beurteilungen, Zeugnisse, Fortbildungen etc.) aufbewahrt werden. Der Arbeitnehmer hat jederzeit das Recht, seine Personalakte einzusehen.

- **Personaldatenverwaltung**
  Die Personaldaten werden z. B. mittels computerunterstützten Personalinformationssystemen (wobei der Datenschutz stets gesichert sein muss) aufbereitet.
- **Personalstatistik**
  Sie dient der Ermittlung von Kennzahlen für den Personalbereich (z. B. Mitarbeiterstruktur geordnet nach Geschlecht, Alter, Gehalts- und Lohnsummen, Fehlzeiten, Fluktuation etc.).
- **Datenschutz**
  Nach dem Bundesdatenschutzgesetz hat jeder Arbeitnehmer das Recht, über eine Speicherung und Weitergabe seiner persönlichen Daten benachrichtigt zu werden. Unzulässig gespeicherte Daten müssen gelöscht, falsche Daten korrigiert werden.

5.5 Personalentwicklung

- **Berufsausbildung**
  Die ***berufliche Erstausbildung*** findet in der Regel im Rahmen des dualen Systems statt (Betrieb und Berufsschule).
- **Weiterbildung**
  Anpassungsweiterbildung: Die Mitarbeiter werden qualifiziert, damit sie trotz veränderter Anforderungen, z. B. neuer Technologien, im Arbeitsprozess bleiben können.

  Aufstiegsweiterbildung: Mitarbeiter, die für höherwertige Tätigkeiten vorgesehen sind, erwerben zusätzliche Fähigkeiten.

  Umschulung: Qualifizierungsmaßnahmen, die zu einer anderen beruflichen Tätigkeit befähigen sollen.
- **Laufbahnplanung**
  Sie ist sinnvoll, wenn höhere Positionen nicht nur durch außerbetriebliche Bewerber, sondern durch Betriebsangehörige besetzt werden sollen. Ein wichtiger Bestandteil ist hierbei das Instrument der Personalbeurteilung.
- **Betriebliche Beförderung**
  Sie liegt vor, wenn ein Mitarbeiter in der Unternehmenshierarchie aufgestiegen ist. Die Möglichkeit einer betrieblichen Beförderung ist u. a. wichtig für die Arbeitsmotivation der Beschäftigen. Der Beförderung geht im Allgemeinen eine Laufbahnplanung voraus.

Personalentwicklung on the job erfolgt durch Maßnahmen direkt am Arbeitsplatz.

Personalentwicklung off the job erfolgt durch Maßnahmen außerhalb des Betriebes (z. B. Seminare).

5.6 Gehaltsabrechnung

siehe auch Kapitel A 3.7 Sozialversicherungen

Stand: 01.11.2009

Bsp.: Arbeitnehmer, 30 Jahre, rk, ledig, keine Kinder

	Bruttogehalt (z. B. lt. Tarifvertrag)	**3.000,00**
+	**VL Zulage** Zuschuss des Arbeitgebers zu den vermögenswirksamen Leistungen	**20,00**
=	**steuer- und sozialversicherungspflichtiges Gehalt**	**3.020,00**
–	**Lohnsteuer** (hier: Steuerklasse I) wird mithilfe der Lohnsteuertabelle ermittelt und richtet sich nach der Steuerklasse und den Kinderfreibeträgen	**541,66**
–	**Solidaritätszuschlag** 5,5 % der Lohn- bzw. Einkommenssteuer	**29,79**
–	**Kirchensteuer** (hier: Bayern) Bad.-Württ., Bayern jeweils 8 % der Lohn- bzw. Einkommenssteuer, restl. Länder 9 %	**43,33**
–	**Krankenversicherung** Einheitlicher Beitragssatz: 14,9 % des sozialversicherungspflichtigen Gehalts; Sonderbeitrag der Arbeitnehmer (kein Arbeitgeberanteil): 0,9 % (in 14,9 % enthalten) für Zahnersatz (0,4 %) und Krankengeld (0,5 %) → AN-Anteil = 7,9 %; AG-Anteil = 7,0 % Beitragsbemessungsgrenze: 3.675,00 EUR (West + Ost) Pflichtversicherungsgrenze: 4.050,50 EUR (West + Ost)	**238,58**
–	**Rentenversicherung** Beitragssatz: 19,9 % → Arbeitnehmeranteil: 9,95 % Beitragsbemessungsgrenze: 5.400,00 EUR (West); 4.550,00 EUR (Ost)	**300,48**

–	**Arbeitslosenversicherung** Beitragssatz: 2,8 % → Arbeitnehmeranteil: 1,4 % Beitragsbemessungsgrenze: 5.300,00 EUR (West); 4.500,00 EUR (Ost)	**42,28**
–	**Pflegeversicherung** Beitragssatz: 1,95 % → Arbeitnehmeranteil 0,975 % Kinderlose zahlen Zuschlag von 0,25 % ohne Arbeitgeberanteil Beitragsbemessungsgrenze: 3.675,00 EUR (West + Ost) Pflichtversicherungsgrenze: 4.050,00 EUR (West + Ost)	**36,99**
=	**Nettogehalt**	**1.777,83**
–	**Vermögenswirksame Leistungen** (Sparbeträge des Arbeitnehmers, die vermögenswirksam angelegt werden und z. B. direkt dem Bausparvertrag gutgeschrieben werden)	**40,00**
=	**Überweisungsbetrag**	**1.737,83**

Lohnsteuerklassen

I ledige, verwitwete, geschiedene, dauernd getrennt lebende Arbeitnehmer

II wie Steuerklasse I, aber mind. 1 Kind im Haushalt

III verheiratet, Ehegatte nicht berufstätig oder in Steuerklasse V, Verwitwete im Kalenderjahr, das dem Todesjahr des Gatten folgt

IV verheiratet, beide berufstätig

V verheiratet, beide berufstätig, Ehegatte in Steuerklasse III

VI für zweite und weitere Lohnsteuerkarte bei mehreren Arbeitsverhältnissen oder wenn die Lohnsteuerkarte dem Arbeitgeber schuldhaft nicht vorgelegt wird

5.7 Personalfreisetzung

(siehe dazu auch Kapitel A. 3.4.2 Kündigungsschutzgesetz)

Mitarbeitern sind beim Ausscheiden folgende **Unterlagen** auszuhändigen:

- Lohnsteuerkarte
- Sozialversicherungsnachweisheft

- Nachweis über Bezüge und darauf abgeführte Beiträge zur Sozialversicherung
- Arbeitsbescheinigung zur Vorlage beim Arbeitsamt (auf Verlangen des Arbeitnehmers)
- Urlaubsbescheinigung über den erhaltenen Urlaub
- Arbeitszeugnis (auf Verlangen des Arbeitnehmers ein qualifiziertes Arbeitszeugnis)

Arten des Arbeitszeugnisses

Einfaches Arbeitszeugnis:

▶ enthält Angaben über Art und Dauer der Beschäftigung.

Qualifiziertes Arbeitszeugnis:

▶ enthält zusätzliche Aussagen über die Leistung des Mitarbeiters (z. B. „... hat die ihm übertragenen Arbeiten stets zu unserer vollsten Zufriedenheit erledigt.") und sein Verhalten (z. B. „Sein Verhalten gegenüber Mitarbeitern und Vorgesetzten war stets tadellos.").

6 Investition und Finanzierung

6.1 Außen-, Innen-, Fremd- und Eigenfinanzierung

Außenfinanzierung: Form der Finanzierung, bei der Kapital von außen in ein Unternehmens fließt (z. B. Aufnahme eines Darlehens, Ausgabe von Aktien)

Innenfinanzierung: Form der Finanzierung, bei der die Kapitalmittel durch den betrieblichen Umsetzungsprozess erschlossen werden (z. B. Einbehalten von erwirtschaftetem Gewinn)

Eigenfinanzierung: Die Finanzierung erfolgt mit Eigenkapital (z. B. Einbehaltung des Gewinns, Ausgabe von Aktien).

Fremdfinanzierung: Die Finanzierung erfolgt mit Fremdkapital (z. B. Darlehen).

Kapitalherkunft	**Außenfinanzierung** (Das Kapital wird von außerhalb zugeführt)		**Innenfinanzierung** (Das Unternehmen stellt selbst finanzielle Mittel bereit)	
	Kredite	Einlagen/ Beteiligungen Ausgabe von Aktien	Selbstfinanzierung: Gewinne werden nicht ausgeschüttet, sondern einbehalten	Abschreibungsfinanzierung: Abschreibungen werden als Kosten in die Preise einkalkuliert → Kapitalfreisetzung durch Verkauf der Erzeugnisse
Kapitalzuführung	**Fremdfinanzierung** (durch Fremdkapital)	**Eigenfinanzierung** (durch Eigenkapital)		
		extern	intern	

6.2 Kredite, Effektivzinsberechnung

Kredite (im allgemeinen Sprachgebrauch):

- Geldkredit: Bankkredit (Darlehen, Kontokorrentkredit)
- Sachkredit: Lieferung von Waren und Einrichtungen
- Liefererkredit: Der Lieferant gewährt Zahlungsaufschub und gewährt bei vorzeitiger Zahlung Skonto
- Kundenkredit: Absatzfördernde Maßnahme des Einzelhändlers (z. B. Anschreiben lassen, Kundenkarte, Abzahlungs- und Ratenkauf)

Darlehen

- einmalige Auszahlung einer bestimmten Kreditsumme
- i. d. R. befristeter Kredit
- Tilgung nach Tilgungsplan laut Kreditvertrag
- relativ niedriger Zinssatz (niedriger als bei Kontokorrentkredit)
- **Darlehensarten**
  - Fälligkeitsdarlehen: Tilgung Gesamtbetrag auf einmal bei Fälligkeit

- Kündigungsdarlehen: Tilgung Gesamtbetrag auf einmal nach Kündigung
- Abzahlungsdarlehen (Ratendarlehen): Tilgung in Raten
- Annuitätendarlehen: Tilgung in Annuitäten (Annuität = gleichbleibende Summe aus Zins und Tilgung, wobei Zinsanteil kontinuierlich sinkt und der Tilgungsanteil kontinuierlich steigt)

Kontokorrentkredit

- Kredit kann bis zur vereinbarten Höhe beansprucht werden
- i. d. R. unbefristeter Kredit
- schwankender Kreditbetrag
- relativ hoher Sollzinssatz

Beispiel zur Berechnung der Effektivverzinsung bei Darlehen:

Berechnen Sie den Effektivzinssatz für folgendes Kreditangebot über 1.000.000,00 EUR:

Laufzeit 5 Jahre, Disagio 2 % (Auszahlung somit 98 %), 1,5 % Bearbeitungsgebühr von der Darlehenssumme, jährliche Zinszahlungen, Rückzahlung in einer Summe nach sechs Jahren, 6 % p. a. Zinsen.

Zinsen (6 J.): $z = \frac{K \cdot p \cdot t}{100 \cdot 360} = \frac{1.000.000 \cdot 6 \cdot (5 \cdot 360)}{100 \cdot 360} = 300.000{,}00$ EUR

Damnum (Abzug vom Nettowert eines Darlehens) = 2 % von 1.000.000,00 EUR =	20.000,00 EUR
Bearbeitungsgebühr = 1,5 % v. 1.000.000,00 EUR =	15.000,00 EUR
Kosten insgesamt = z =	335.000,00 EUR

Effektiver Zinssatz $p = \frac{z \cdot 100 \cdot 360}{K \cdot t} = \frac{335.000 \cdot 100 \cdot 360}{(1.000.000 - 35.000) \cdot (5 \cdot 360)} =$

<u>**6,94 %**</u> eff. Zinssatz

6.3 Leasing

- **Sonderform der Fremdfinanzierung**
- **kein Geld-, sondern ein Sachkredit** (vergleichbar mit dem Mieten bzw. Pachten)

- **Ablauf**: Der Vermieter (besser: Leasinggeber) übergibt dem Leasingnehmer ein Anlagegut (beispielsweise eine Produktionsmaschine, ein Fahrzeug oder einen Computer) und gewährt ihm während der vereinbarten Zeit die Nutzung der geleasten Sache. Im Gegenzug muss der Leasingnehmer hierfür ein **entsprechendes Entgelt (Leasingrate)** zahlen. Die Höhe der Leasingrate hängt in der Regel vom Wert des Leasinggutes und seiner Nutzungsdauer ab. Nach Ablauf der Leasinglaufzeit muss der Leasingnehmer das geleaste Gut an den Leasinggeber zurückgeben, den Leasingvertrag verlängern oder das Leasinggut kaufen.

Vergleich Kreditkauf – Leasing

Kreditkauf	Leasing
■ Aufnahme eines Geldkredits ■ Zahlung von Kreditraten und Zinsen bis zum Ablauf der Kreditlaufzeit ■ Erlangung des Eigentums am (kreditfinanzierten) Vermögensgegenstand (Abschreibungsmöglichkeiten)	■ Aufnahme eines Sachkredits ■ Zahlung von Leasingraten (quasi wie Mietzahlung) i. d. R. Rückgabe des Leasinggegenstandes am Ende der Laufzeit ■ Leasinggeber bleibt während der Laufzeit Eigentümer des Vermögensgegenstandes (Abschreibungsmöglichkeiten entfallen, aber Leasinggebühren können als Aufwand gebucht werden.)

6.4 Factoring

▶ Beim Factoring kauft **der Factor**, in der Regel eine **Factoring-Gesellschaft** (Factoring-Bank), Forderungen eines Unternehmens (Klient genannt) auf und bevorschusst sie. Der Factor übernimmt die Eintreibung der Forderungen beim Kunden und übernimmt damit

- die Finanzierung,
- die Debitorenbuchhaltung,
- das Inkasso,
- das Mahnwesen und
- das Delkredere (Kreditrisiko).

Dafür verrechnet er

- die marktüblichen Zinsen aus der bereitgestellten Finanzierungssumme (falls Zahlung bevorschusst wurde),
- eine Delkrederegebühr und
- eine Factoringgebühr.

6.5 Unternehmenskrise, Zahlungsunfähigkeit (Insolvenz)

Von einer **Unternehmenskrise** wird dann gesprochen, wenn das Unternehmen Zahlungsschwierigkeiten hat, also nicht mehr liquide ist, und der Fortbestand der Unternehmung in Gefahr ist.

Erste **Anzeichen** einer Unternehmenskrise sind drastische **Umsatzrückgänge**, **rückläufige Gewinne** und **steigende Verschuldung**.

Ursachen der Unternehmenskrise	
innerhalb des Unternehmens	außerhalb des Unternehmens
■ Organisationsmängel (zu hohe Kosten im Verwaltungsbereich, unausgelastete Mitarbeiter) ■ Umstellung des Produktionsapparates und damit verbundener Kostenaufwand ■ verfehlte Produktpolitik ■ Anschluss an technischen Fortschritt verpasst ■ schlechte Personalpolitik ■ zu hohe Privatentnahmen	■ schlechte Konjunkturlage → allgemeiner Auftragsrückgang ■ Verschärfung der Konkurrenz → Preisverfall bei fast allen Produkten ■ Verknappung/Verteuerung von Rohstoffen ■ Einbußen durch wirtschaftspolitische Maßnahmen (Strukturwandel)

Mögliche Maßnahmen in einer Unternehmenskrise		
Sanierung	**Liquidation**	**Insolvenz**
■ **Stille Sanierung** Verbesserung der Unternehmenssituation durch organisatorische, technische und personelle Maßnahmen ■ **Offene Sanierung** Verbesserung der Unternehmenssituation durch Zuführung von Eigenkapital durch die Unternehmenseigner	Auflösung eines Unternehmens durch Teilveräußerung bzw. Veräußerung der Unternehmung als Ganzes aus persönlichen Gründen (z. B. Alter, Krankheit, Ausscheiden eines Gesellschafters, Erbauseinandersetzungen) und/oder sachlichen Gründen (z. B. verschärfter Wettbewerb, Struktur- und Konjunkturkrisen, Nichterreichen der Unternehmensziele)	Gerichtliche Lösung bei Zahlungsunfähigkeit oder Überschuldung des Schuldners gemäß des Insolvenzverfahrens gemäß Insolvenzordnung

Unternehmensinsolvenz

Eröffnungsantrag:
Amtsgericht prüft Antrag und eröffnet bzw. verweigert das Insolvenzverfahren.

Abweisung mangels Masse:
Wenn das Vermögen des Schuldners kleiner ist als die Kosten des Verfahrens

Eröffnungsbeschluss bei:
- Zahlungsunfähigkeit des Schuldners
- drohender Zahlungsunfähigkeit
- Feststellung der Überschuldung

Wirkung der Insolvenzeröffnung:
- Recht des Schuldners, das zur Insolvenzmasse gehörende Vermögen zu verwalten und über es zu verfügen, geht auf den Insolvenzverwalter über.
- Gläubiger müssen ihre Forderungen schriftlich anmelden.

Abwicklung des Insolvenzverfahrens:
- Veröffentlichung des Eröffnungsbeschlusses
- detaillierte Erfassung des Ist-Zustandes des Unternehmens (Vermögensgegenstände, Gläubigerverzeichnis u. a.)
- Kündigung von Verträgen, Durchführung von Prozessen
- Verwertung des Unternehmensvermögens durch Verkauf bzw. Versteigerung
- Schlussverteilung der Insolvenzmasse nach festgelegter Reihenfolge
- Festlegung einer Insolvenzquote

Das Gesetz zur Vereinfachung der Insolvenzverfahrens vom 13. April 2007 erleichtert die Fortführung des Unternehmens im Eröffnungsverfahren und fördert die selbstständige Tätigkeit des Schuldners.

Insolvenzplanverfahren

- Das Insolvenzplanverfahren ist als Alternative zum Insolvenzverfahren zu sehen.
- Es verfolgt in erster Linie das Ziel, den Erhalt des Unternehmens zu ermöglichen.

- Mittel zur Sanierung eines Unternehmens abweichend von den Vorschriften der Insolvenzordnung.
- Wesentliche Entscheidungen werden durch die Gläubiger getroffen.
- Rechtsstellung des Schuldners wird gestärkt.
- Insolvenzverwalter erstellt Insolvenzplan, der beinhaltet, dass
  - die Insolvenzgläubiger auf einen Teil ihrer Forderungen verzichten (Vergleich)
  - die Gläubiger dem Schuldner ihre Forderungen stunden (Stundungsvergleich)

Verbraucherinsolvenz

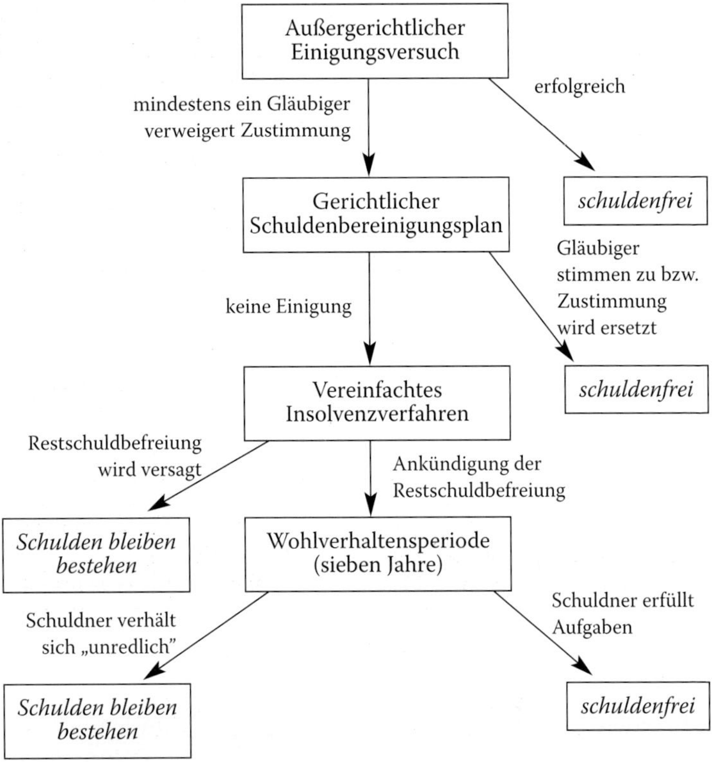

E Grundlagen des Rechnungswesens

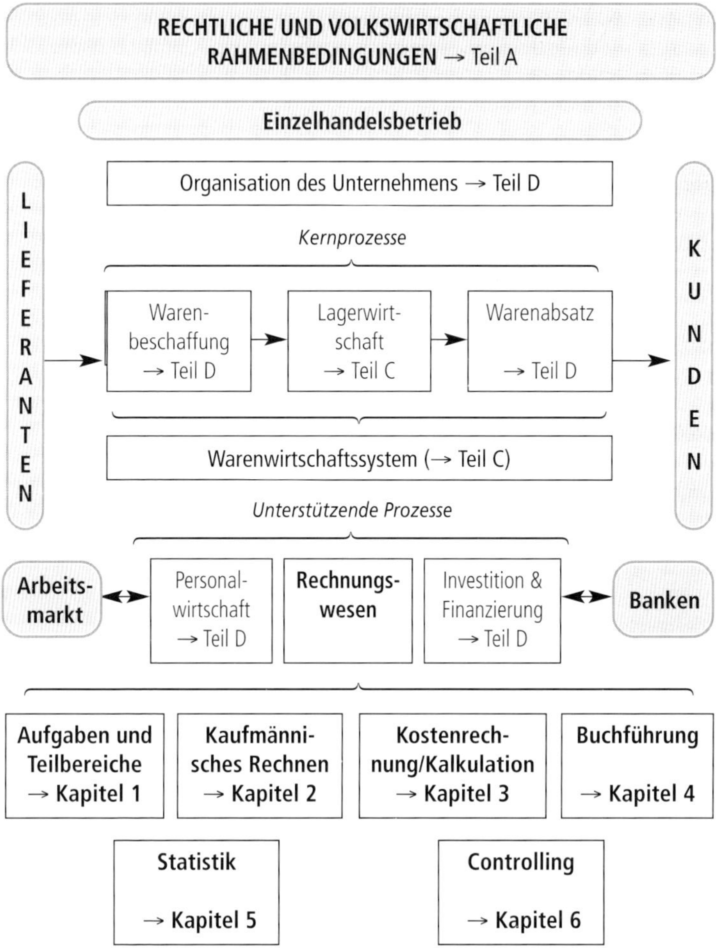

1 Aufgaben und Teilbereiche des Rechnungswesens

Allgemeine Aufgaben

Das betriebliche Rechnungswesen beschäftigt sich mit der systematischen mengen- und wertmäßigen Erfassung, Aufbereitung, Analyse, Auswertung und Darstellung aller betrieblichen und außerbetrieblichen Vorgänge in Einzelhandelsunternehmen.

Dokumentation	▪ z. B. Erfassung von Einnahmen und Ausgaben
Information	▪ z. B. Herkunft und Höhe von Kosten
Rechenschaftslegung	▪ z. B. gegenüber Banken als Kreditgebern
Kontrolle	▪ z. B. der Kostenentwicklung in einzelnen Unternehmensbereichen
Planung	▪ z. B. Personaleinsatz, Schulungen der Mitarbeiter

Teilbereiche des Rechnungswesens

Finanzbuchhaltung (Buchführung)	▪ Erfassung aller wirtschaftlich relevanten Geschäftsvorgänge wie Einkäufe, Verkäufe, Personalaufwand auf Konten ▪ Erfassung und Bewertung des Vermögens und der Schulden ▪ Ermittlung des Gewinns oder Verlustes
Kosten- und Leistungsrechnung	▪ Erfassung und Gliederung der angefallenen Kosten ▪ Kontrolle der Kosten in den einzelnen Unternehmensbereichen ▪ Preiskalkulation ▪ Ermittlung des Betriebsergebnisses
Statistik	▪ Erfassung und Aufbereitung betrieblicher Daten für einen a) **innerbetrieblichen Vergleich** mit Zahlen vergangener Geschäftsjahre b) **zwischenbetrieblichen Vergleich** mit Zahlen ähnlicher Betriebe ▪ Beispiele: Personal-, Gehalts-, Lager-, Umsatzstatistiken ▪ Daten dienen als Grundlage für künftige Unternehmensentscheidungen

Planung	▪ Planung zukünftiger Entwicklungen, um die Ziele des Einzelhandelsunternehmens besser erreichen zu können ▪ Instrument der Unternehmensführung ▪ Beispiele: Personal-, Investitions-, Finanzplan

Nach dem Informationsempfänger unterscheidet man folgende Bereiche des Rechnungswesens:

internes Rechnungswesen	externes Rechnungswesen
▪ enthält insbesondere die Kosten- und Leistungsrechnung ▪ dient der Planung, Steuerung und Kontrolle von Einzelhandelsbetrieben ▪ wird in der Regel nach innerbetrieblichen Erfordernissen ausgestaltet	▪ enthält die Finanzbuchhaltung einschließlich der Bilanzierung sowie der Nebenbücher (z. B. Erfassung der Wareneingänge und Warenausgänge in der Lagerkartei) und die Statistiken ▪ dient primär der Information von Außenstehenden wie Gläubiger, Fiskus, Banken, Kunden ▪ wird nach einheitlichen handels- und steuerrechtlichen Vorschriften ausgestaltet

2 Kaufmännisches Rechnen

2.1 Dreisatz

Einfacher Dreisatz

Gerades Verhältnis: Je mehr (gegebene Größe), desto mehr (gesuchte Größe)
→ Die Zahl im Fragesatz steht auf dem Bruchstrich.

Beispiel: 20 Meter eines Stoffes kosten 40,00 EUR. Wie viel kosten 50 Meter?

Bedingungssatz:	20 Meter Stoff	entsprechen	40,00 EUR
Fragesatz:	50 Meter Stoff	entsprechen	x EUR

Lösungssatz: $x = \frac{40 \cdot 50}{20} = \mathbf{100{,}00\ EUR}$

Ungerades Verhältnis: Je mehr (gegebene Größe), desto weniger (gesuchte Größe)
→ Die Zahl im Fragesatz steht unter dem Bruchstrich.

Beispiel: Sechs Mitarbeiter brauchen für Inventurarbeiten 18 Stunden. Wie lange brauchen neun Mitarbeiter?

Bedingungssatz:	6 Mitarbeiter	entsprechen	18 Stunden
Fragesatz:	9 Mitarbeiter	entsprechen	x Stunden

Lösungssatz: $x = \frac{18 \cdot 6}{9} =$ **12 Stunden**

Zusammengesetzter Dreisatz

Beispiel: Sechs Mitarbeiter zählen bei der Inventur 10.000 Artikel in 18 Stunden. Wie viele Stunden benötigen neun Mitarbeiter für 12.500 Artikel?

Bedingungssatz:	6 Mitarbeiter	entsprechen	10.000 Artikel
	entsprechen	18 Stunden	
Fragesatz:	9 Mitarbeiter	entsprechen	12.500 Artikel
	entsprechen	x Stunden	

Lösungssatz: $x = \frac{18 \cdot 6 \cdot 12.500}{9 \cdot 10.000} =$ **15 Stunden**

Erläuterung:

- Je mehr Arbeitskräfte, desto weniger Stunden → ungerades Verhältnis, d. h. 9 steht unter dem Bruchstrich.
- Je mehr Artikel, desto mehr Stunden → gerades Verhältnis, d. h. 12.500 steht auf dem Bruchstrich.

2.2 Durchschnittsrechnung

Einfacher Durchschnitt $= \frac{\text{Summe der Einzelwerte}}{\text{Anzahl der Einzelwerte}}$

Beispiel: Berechnen Sie den Durchschnittspreis der Artikel A–C.

	Preis in EUR
Artikel A	67,95
Artikel B	58,95
Artikel C	49,95

Durchschnittspreis $= \frac{67,95 + 58,95 + 49,95}{3} =$ **58,95**

$$\textit{\textbf{Gewogener Durchschnitt}} = \frac{\text{Summe der gewichteten Einzelwerte}}{\text{Summe der Gewichte}}$$

Beispiel: Berechnen Sie den gewogenen Durchschnittspreis der Artikel.

	Preis in EUR	Verkaufsmenge
Artikel A	67,95	70
Artikel B	58,95	95
Artikel C	49,95	65

$$\text{Gewogener Durchschnittspreis} = \frac{67{,}95 \cdot 70 + 58{,}95 \cdot 95 + 49{,}95 \cdot 65}{70 + 95 + 65} = \mathbf{59{,}15\ EUR}$$

2.3 Verteilungsrechnung

Beispiel:
Das Stadtbauamt stellt den drei Unternehmen ARNER OHG, BOHR KG und CRW GmbH die Anliegerkosten von 260.000,00 EUR für den Straßenbau im Gewerbegebiet in Rechnung, die nach der Länge der Straßenfront im Verhältnis 6 : 5 : 2 zu verteilen sind.

Wie hoch sind die Baukostenanteile der Unternehmen?

Name	**Verteilungsschlüssel**	**Verteilungsergebnis (in EUR)**	**Rechenweg**
ARNER	6	120.000,00	1. Verteilungstabelle aufstellen! (Name, Schlüssel, Ergebnis)
BOHR	5	100.000,00	2. Summe der Anteile ermitteln!
CRW	2	40.000,00	3. Wert je 1 Anteil mit Dreisatz errechnen!
	13 Teile =	260.000,00	4. Verteilungsergebnisse berechnen! (Anteile · Wert je 1 Anteil)
	1 Teil =	X	

$$X = \frac{260.000 \cdot 1}{13} = \mathbf{20.000{,}00\ EUR}$$

Arner:	6 · 20.000,00 EUR =	**120.000,00 EUR**
Bohr:	5 · 20.000,00 EUR =	**100.000,00 EUR**
CRW:	2 · 20.000,00 EUR =	**40.000,00 EUR**

2.4 Prozentrechnung

Berechnung des Prozentsatzes (p)

Aufgabe

Betrieb A:
Von 20 Azubis bestehen 18 Azubis die Prüfung.

Betrieb B:
Von 16 Azubis bestehen 14 Azubis die Prüfung.

Welche Ausbildungsgruppe ist besser?

Problem: unterschiedliche Bezugsgrößen (20 Azubis im Betrieb A, 16 Azubis im Betrieb B)
⇒ Gemeinsame Bezugsgröße 100

Lösung mit Dreisatz:

Betrieb A	*Betrieb B*
20 Azubis = 100 %	16 Azubis = 100 %
18 Azubis = x %	14 Azubis = x %
$x = \frac{100 \cdot 18}{20}$	$x = \frac{100 \cdot 14}{16}$
x = 90 %	x = 87,5 %

Antwort: Im Betrieb A bestehen 90 %, im Betrieb B nur 87,5 %. Die Ausbildungsgruppe des Betriebes A ist besser.

Merke:

1. Die Prozentrechnung ist eine Vergleichsrechnung mit der Zahl 100 als Bezugsgröße (% = v. H.).
2. In der Prozentrechnung rechnen wir mit drei Größen:

Grundwert (G): Wert, der mit der Vergleichszahl 100 verglichen wird. Er beträgt immer 100 %.

Prozentwert (PW): Teil des Grundwertes, der durch den Prozentsatz festgelegt ist

Prozentsatz (p): Anzahl der Anteile von 100

Formel für die Berechnung von p:

$$p = \frac{PW \cdot 100}{G}$$

Die Berechnung des Prozentwertes (PW)

Aufgabe

Ein Kaufmann hat bei einem Monatsumsatz von 45.000,00 EUR Kosten in Höhe von 20 %.

Wie viel Euro sind das?

Lösung mit Dreisatz:

100 % = 45.000,00 EUR
20 % = x EUR

$$X = \frac{45.000 \cdot 20}{100} = \mathbf{9.000{,}00\ EUR}$$

Die Kosten betragen 9.000,00 EUR.

Lösung mit Formel:

$$\mathbf{PW = \frac{G \cdot p}{100}}$$

Die Berechnung des Grundwertes (G)

Aufgabe

Familie Schmidt muss 25 % ihres Nettoeinkommens für die Miete aufbringen. Die monatliche Miete beträgt 850,00 EUR.

Wie hoch ist das Nettoeinkommen der Familie Schmidt?

Lösung mit Dreisatz:

25 % = 850,00 EUR
100 % = x EUR

$$X = \frac{850 \cdot 100}{25} = \mathbf{3.400{,}00\ EUR}$$

Das Nettoeinkommen beträgt 3.400,00 EUR.

Lösung mit Formel:

$$\mathbf{G = \frac{PW \cdot 100}{p}}$$

Der vermehrte Grundwert (G^+)

Aufgabe

Ein Elektrofachgeschäft bietet einen Fernseher nach einer Preiserhöhung von 4 % zum neuen Preis von 468,00 EUR an.

Lösung mit Dreisatz:

104 % = 468,00 EUR
100 % = x EUR

Wie viel Euro betrug der ursprüngliche Preis vor der Preiserhöhung?

$$X = \frac{468 \cdot 100}{104} = \mathbf{450{,}00\ EUR}$$

G G + PW = G^+ 100 + p

Der ursprüngliche Preis betrug 450,00 EUR.

Lösung mit Formel:

$$\mathbf{G = \frac{G^+ \cdot 100}{100 + p}}$$

Der verminderte Grundwert (G^-)

Aufgabe

Eine Rechnung wird nach Abzug von 2 % Skonto mit 1.254,40 EUR bezahlt.

Wie hoch ist der Rechnungsbetrag?

Lösung mit Dreisatz:

98 %	=	1.254,40 EUR
100 %	=	x EUR

$$X = \frac{1.254{,}40 \cdot 100}{98} = \mathbf{1.280{,}00\ EUR}$$

G G – PW = G^- 100 – p

Der Rechnungsbetrag lautet 1.280,00 EUR.

Lösung mit Formel:

$$\mathbf{G = \frac{G^- \cdot 100}{100 - p}}$$

2.5 Währungsrechnung

Wechselkurs:
Preis eines Euros ausgedrückt in ausländischer Währung

Geldkurs (Ankaufskurs):	**Briefkurs (Verkaufskurs):**
Kurs, zu dem die Bank Euro ankauft	Kurs, zu dem die Bank Euro verkauft

Sorten: ausländisches Bargeld (Banknoten, Münzen) → Ankaufs- oder Verkaufskurs

Devisen: ausländisches Buchgeld (bargeldlos, z. B. Überweisungen, Schecks) → Geld- oder Briefkurs

Umtausch von EUR in Auslandswährung

Herbert Meyer macht Urlaub in den USA. Er möchte bei seiner deutschen Hausbank 500,00 EUR in bar in US-Dollar umtauschen. Wie viel Euro erhält er? (Ankaufskurs: 1,4158/Verkaufskurs: 1,4265)

Vorüberlegung: Die Bank kauft EUR. → Es gilt der Ankaufskurs.

Lösung mit Dreisatz:	1 EUR	entspricht	1,4158 USD
	500 EUR	entspricht	x USD

$$x = \frac{1{,}4158 \cdot 500}{1} \cong \mathbf{707{,}90\ USD}$$

Umtausch von Auslandswährung in EUR

Als Herbert Meyer aus dem Urlaub zurückkommt, hat er noch 100,00 US-Dollar, die er bei seiner Hausbank in Euro umtauschen will. Wie viel Euro erhält er? (Ankaufskurs: 1,4158/Verkaufskurs: 1,4265)

Vorüberlegung: Die Bank verkauft EUR → Es gilt der Verkaufskurs.

Lösung mit Dreisatz:	1,4265 USD	entspricht	1 EUR
	100 USD	entspricht	X EUR

$$X = \frac{1 \cdot 100}{1{,}4265} \cong \mathbf{70{,}10\ EUR}$$

2.6 Zinsrechnung

Grundbegriffe

			entspricht in der Prozentrechnung
Kapital	**K**	Betrag, der verzinst wird	Grundwert
Zinssatz	**p**	Verzinsung in % (immer auf ein Jahr bezogen)	Prozentsatz
Zinsen	**z**	Verzinsung in EUR für einen bestimmten Zeitraum	Prozentwert
Zeitraum	**t**	Zeitraum, für den die Verzinsung zu berechnen ist	–

Berechnung der Zinstage

	Deutsche Methode (30/360)	act/act – Methode (tagegenaue Methode)	Euromethode (act/360 – Methode)
Zinsmonat	30 Tage Ausnahme: Februar = Kalendertage, wenn der Monat Februar das Ende der Laufzeit ist	genaue Kalendertage	genaue Kalendertage
Zinsjahr	360 Tage	genaue Tage, d. h. 365 Tage bzw. im Schaltjahr 366 Tage	360 Tage
Anwendungsbeispiele	z. B. ▪ Darlehen ▪ Ratenkredite ▪ Festgelder ▪ Kontokorrentkonten	z. B. ▪ festverzinsliche Anleihen ▪ Bundesobligationen ▪ Bundesschatzbriefe	z. B. ▪ Anleihen mit variablen Zins (sog. „Floater“) ▪ Geldanlagen bei der Europäischen Zentralbank

Zinsformeln

Beispiel: Berechnen Sie die Zinsen für einen Kredit in Höhe von 5.000,00 EUR bei einem Zinssatz von 8 % für einen Zeitraum von 90 Zinstagen.

$$z = \frac{\mathbf{K \cdot p \cdot t}}{\mathbf{100 \cdot 360}} = \frac{5.000 \cdot 8 \cdot 90}{100 \cdot 360} = \mathbf{100{,}00\ EUR}$$

Beispiel: Für einen Kredit fallen für einen Zeitraum von 90 Zinstagen bei einem Zinssatz von 8 % 100,00 EUR Zinsen an. Wie hoch war der Kredit?

$$K = \frac{\mathbf{z \cdot 100 \cdot 360}}{\mathbf{p \cdot t}} = \frac{100 \cdot 100 \cdot 360}{8 \cdot 90} = \mathbf{5.000{,}00\ EUR}$$

Beispiel: Für einen Kredit fallen für einen Zeitraum von 90 Zinstagen 100,00 EUR Zinsen an. Wie hoch war der Kreditzinssatz?

$$p = \frac{\mathbf{z \cdot 100 \cdot 360}}{\mathbf{K \cdot t}} = \frac{100 \cdot 100 \cdot 360}{5.000 \cdot 90} = \mathbf{8\,\%}$$

Beispiel: Für einen Kredit in Höhe von 5.000,00 EUR fallen bei einem Zinssatz von 8 % 100,00 EUR Zinsen an. Wie lange lief der Kredit?

$$t = \frac{\mathbf{z \cdot 100 \cdot 360}}{\mathbf{K \cdot p}} = \frac{100 \cdot 100 \cdot 360}{5.000 \cdot 8} = \mathbf{90\ Tage}$$

Effektivverzinsung bei Lieferantenkrediten

Beispiel: Die Zahlungsbedingung eines Lieferanten lautet „Zahlungsziel 30 Tage, 8 Tage 2 % Skonto". Welchem Jahreszins entspricht der Lieferantenkredit, wenn der Käufer das Zahlungsziel beansprucht?

Lösung mit dem Dreisatz:	22 Tage (30 – 8 Tage)	entsprechen	2 %
	360 Tage (ein Zinsjahr)	entsprechen	x %

$$x = \frac{2\,\% \cdot 360}{22} = 32{,}727\,\%$$

Der Lieferantenkredit ist sehr teuer. Folglich lohnt es sich auf jeden Fall, innerhalb der ersten 8 Tage zu zahlen, um den Skonto von 2 % wahrzunehmen.

3 Kostenrechnung / Kalkulation

3.1 Grundbegriffe der Kostenrechnung

Kosten:

▶ Alle Aufwendungen, die der Erfüllung des Betriebszwecks dienen. Alle nicht betriebszweckbezogenen Aufwendungen (betriebsfremde und außerordentliche Aufwendungen) gehören nicht zu den Kosten.

Fixe Kosten:

▶ Kosten, die unabhängig von der Verkaufsmenge bzw. Produktionsmenge immer gleichbleiben (z. B. Abschreibungen, Mietaufwendungen, Gehälter, Beiträge)

Variable Kosten:

▶ Kosten, die sich in Abhängigkeit von der Verkaufsmenge bzw. Produktionsmenge verändern (z. B. Aufwendungen für Waren, Verkaufsprovisionen)

Einzelkosten:

▶ Kosten, die jedem Kostenträger (Produkt) direkt zugerechnet werden können (z. B. Wareneinsatz, Verkaufsprovisionen)

Gemeinkosten:

▶ Kosten, die den Kostenträgern nur indirekt, d. h. über den Handlungskostenzuschlag (→ E 3.3 Verkaufskalkulation) zugerechnet werden können (z. B. Gehälter, Abschreibungen, Mietaufwendungen)

Kostenartenrechnung:

▶ Erfassung der Kosten nach der Kostenart (z. B. Personalkosten, Energiekosten usw.)

Kostenstellenrechnung:

▶ Kostenrechnerische Erfassung nach dem Verursachungsprinzip, d. h. die Kosten werden den einzelnen betrieblichen Funktionen (z. B. Einkauf, Verwaltung) oder den Warengruppen (z. B. Elektronik, Haushaltswaren) zugeordnet. Ziel der Kostenstellenrechnung ist die Verteilung der Gemeinkosten auf die Kostenstellen und die Ermittlung des Handlungskostenzuschlags (→ E 3.3 Verkaufskalkulation).

Kostenträgerrechnung:

▸ Zurechnung der Kosten auf den jeweiligen Kostenträger, sprich die Ermittlung der Selbstkosten je Produkt (→ E 3.3 Verkaufskalkulation)

3.2 Bezugskalkulation

Skonto ist ein Preisabzug, wenn eine Bezahlung der Rechnung innerhalb einer festgelegten Frist erfolgt. Er ist vom Zieleinkaufspreis (= 100 %) zu berechnen.

Rabatt ist ein Preisabzug aus verschiedenen Gründen, die nichts mit der Frist zur Bezahlung der Rechnung zu tun haben (z. B. Sonderrabatt, Treuerabatt, Mengenrabatt, Naturalrabatt und Wiederverkäuferrabatt). Er wird vom Listenpreis (= 100 %) berechnet.

Bonus ist eine Sondervergünstigung, die nachträglich gewährt wird und in der Höhe vom Umsatz abhängt. Er spielt in der Bezugskalkulation keine Rolle.

Die ***Bezugskosten*** (z. B. Verpackung, Fracht, Versicherung, Zölle) sind dem Barverkaufspreis hinzuzurechnen.

Die ***Umsatzsteuer*** ist bei der Bezugskalkulation nicht zu berücksichtigen, da sie als Vorsteuer vom Finanzamt zurückerstattet wird. Sie hat somit keinen Kostencharakter.

Beispiel:
Ein Möbelgeschäft nimmt einen Schlafzimmerschrank in sein Sortiment auf. Berechnen Sie den Nettoverkaufspreis für den Schlafzimmerschrank, wenn folgende Angaben vorliegen:
Listenpreis: 500,00 EUR ; Rabatt: 10 %; Skonto: 2 %; Bezugskosten: 39,00 EUR

Listenpreis	500,00 EUR	100 %	
– Liefererrabatt (10 % von LP)	50,00 EUR	– 10 %	
= Zieleinkaufspreis	450,00 EUR	90 %	100 %
– Liefererskonto (2 % vom ZEP)	9,00 EUR		– 2 %
= Bareinkaufspreis	441,00 EUR		98 %
+ Bezugskosten	39,00 EUR		
= Bezugspreis (= Einstandspreis)	480,00 EUR		

3.3 Verkaufskalkulation

Handlungskosten sind die Kosten der gesamten Betriebstätigkeit (z. B. allgemeine Verwaltungskosten, Löhne und Gehälter, Bürokosten, Raumkosten, Lagerkosten, Werbekosten u. ä.). Der Handlungskostenzuschlag ist ein Prozentsatz, der dem Bezugspreis bzw. Einstandspreis (= 100 %) zugerechnet wird. Er berechnet sich wie folgt:

$$\text{Handlungskostenzuschlag (in \%)} = \frac{\text{Handlungskosten (in EUR)} \cdot 100}{\text{Wareneinsatz}}$$

Der **Selbstkostenpreis** stellt die unterste Grenze des Verkaufspreises einer Ware dar. Er deckt alle Kosten, die mit dem Einkauf und Verkauf einer Ware zusammenhängen.

Der **Gewinnzuschlag** wird auf der Basis der Selbstkosten (= 100 %) hinzu gerechnet.

$$\text{Handlungskostenzuschlag (in \%)} = \frac{\text{Gewinn (in EUR)} \cdot 100}{\text{Selstkosten (in EUR)}}$$

Der **Nettoverkaufspreis** ist die Basis (= 100 %) für die Berechnung der Umsatzsteuer.

Addiert man die Umsatzsteuer zum Nettoverkaufspreis, erhält man den **Bruttoverkaufspreis**, der dem Ladenpreis entspricht.

Vorwärtskalkulation

Aufgabe:

Ein Möbelgeschäft nimmt einen Schlafzimmerschrank in sein Sortiment auf. Berechnen Sie den Verkaufspreis für den Schlafzimmerschrank, wenn folgende Angaben vorliegen:

Listenpreis:	500,00 EUR
Liefererrabatt:	10 %
Liefererskonto:	2 %
Bezugskosten:	39,00 EUR
Handlungskosten:	$16\,^2/_3$ %
Gewinn:	8 %

Listenpreis	500,00 EUR	100 %	
– Liefererrabatt (10 % von LP)	50,00 EUR	– 10 %	
= Zieleinkaufspreis (ZEP)	450,00 EUR	90 %	100 %
– Liefererskonto (2 % vom ZEP)	9,00 EUR		– 2 %
= Bareinkaufspreis	441,00 EUR		98 %
+ Bezugskosten	39,00 EUR		
= Bezugspreis (= Einstandspreis)	480,00 EUR	100 %	
+ Handlungskosten ($16\,^2/_3$ % vom BP)	80,00 EUR	$16\,^2/_3$ %	
= Selbstkostenpreis (SKP)	560,00 EUR	$116\,^2/_3$ %	100 %
+ Gewinnzuschlag (8 % vom SKP)	44,80 EUR		8 %
= Nettoverkaufspreis	604,80 EUR	100 %	108 %
+ Umsatzsteuer (19 % vom NVP)	114,91 EUR	19 %	
= Bruttoverkaufspreis	719,71 EUR	119 %	

Rückwärtskalkulation

Beispiel:
Um konkurrenzfähig zu sein, muss ein Einzelhändler eine Stereoanlage zu einem Verkaufspreis anbieten, der nicht über 75,00 EUR liegt. Er kalkuliert mit Handlungskosten in Höhe von 30 %.
Wie hoch darf der Bezugspreis maximal sein, wenn er 10 % Gewinn machen will?

Bezugspreis (= Einstandspreis)	44,08		100 %
+ Handlungskosten (30 % vom BP)	13,22		↑ 30 %
= Selbstkostenpreis	57,30	100 % →	130 %
+ Gewinnzuschlag (10 % vom SKP)	5,73	10 % ↑	
= Nettoverkaufspreis	63,03	110 % ←	100 %
+ Kundenrabatt (5 % vom NVK)	11,97		↑ 19 %
= Nettoverkaufspreis	75,00		119 %

Differenzkalkulation

Beispiel:
Der Fahrradhändler Ulrich möchte ein neues Mountainbike in sein Sortiment aufnehmen. Dieses soll zu einem Preis von 1.695,00 EUR einschließlich 19 % USt. angeboten werden.

Der Hersteller gibt das Fahrrad zu einem Listenpreis von 860,00 EUR ab und gewährt bei Barzahlung 2 % Skonto. Die Bezugskosten pro Fahrrad betragen 5,80 EUR. Der Fahrradhändler kalkuliert mit 60 % Handlungskosten. Lohnt sich der Verkauf dieses Fahrrads?

Listenpreis	860,00 EUR		
– Liefererrabatt	—		
= Zieleinkaufspreis	860,00 EUR	100 %	
– Liefererskonto (2 % vom ZEP)	17,20 EUR	– 2 %	
= Bareinkaufspreis	842,80 EUR	98 %	
+ Bezugskosten	5,80 EUR		
= Bezugspreis (= Einstandspreis)	848,60 EUR	100 %	
+ Handlungskosten (60 % vom BP)	509,16 EUR	60 %	
= Selbstkostenpreis	1.357,76 EUR	160 %	100 %
+ ***Gewinn***	***66,61 EUR***	$x = \frac{66{,}61 \cdot 100}{1.357{,}76}$	= ***4,9 %***
= Nettoverkaufspreis	1.424,37 EUR	100 %	
+ Umsatzsteuer (19 % vom NVP)	270,63 EUR	19 %	
= Bruttoverkaufspreis	1.695,00 EUR	119 %	

3.4 Verkürzte Kalkulationsverfahren

Verkürzte Vorwärtskalkulation:

***Kalkulationszuschlag (KZ)* in %** $= \frac{\text{Bruttoverkaufspreis} - \text{Bezugspreis}}{\text{Bezugspreis}} \cdot 100$

Kalkulationsfaktor (Kf) $= \frac{\text{Bruttoverkaufspreis}}{\text{Bezugspreis}}$ oder $1 + \frac{KZ}{100}$

→ Bezugspreis · Kalkulationsfaktor = Bruttoverkaufspreis

Verkürzte Rückwärtskalkulation:

***Kalkulationsabschlag* in %** $= \frac{\text{Bruttoverkaufspreis} - \text{Bezugspreis}}{\text{Bruttoverkaufspreis}} \cdot 100$

***Handelsspanne* in %** $= \frac{\text{Nettoverkaufspreis} - \text{Bezugspreis}}{\text{Nettoverkaufspreis}} \cdot 100$

3.5 Deckungsbeitragsrechnung

Der ***Deckungsbeitrag*** gibt an, in welchem Maße ein Artikel oder eine Warengruppe zur Abdeckung der fixen Kosten beiträgt. Der Deckungsbeitrag wird auch als „direkte Produktrentabilität" (DPR) oder „direkte Produktprofitabilität" (DPP) bezeichnet.

  Verkaufserlöse (Umsatz)
– variable Kosten
= Deckungsbeitrag / Periode
– fixe Kosten
= Betriebserfolg

Deckungsbeitrag > fixe Kosten → Betriebsgewinn
Deckungsbeitrag < fixe Kosten → Betriebsverlust

4 Buchführung

4.1 Grundsätze ordnungsgemäßer Buchführung

▶ Als Grundsätze ordnungsgemäßer Buchführung werden die im Handelsgesetzbuch (HGB) und der Abgabenordnung (AO) festgehaltenen Regeln für die Durchführung der Buchführung und die Aufstellung des Jahresabschlusses bezeichnet.

Gesetzl. Grundlage	Inhalt
§ 238 (1) HGB § 145 (1) HGB	■ Ein sachverständiger Dritter (Betriebsprüfer des Finanzamts) muss sich innerhalb einer angemessenen Zeit einen Überblick über die Geschäftsvorfälle und die Lage des Unternehmens verschaffen können. Damit dies gewährleistet ist, gilt: ***Keine Buchung ohne Beleg!*** D.h. für jede Buchung muss ein Beleg vorliegen, der diese nachvollziehbar macht.
§ 244 HGB	■ Der ***Jahresabschluss*** ist ***in deutscher Sprache*** und ***in Euro*** aufzustellen.
§ 239 (2) HGB § 146 (1) AO	■ Die ***Eintragungen*** in den Büchern (Grund- und Hauptbuch) müssen ***vollständig, richtig, zeitgerecht und geordnet*** vorgenommen werden.

Gesetzl. Grundlage	Inhalt
§ 239 (3) HGB § 146 (4) AO	Die Aufzeichnungen dürfen nicht so verändert werden, dass der ursprüngliche Inhalt nicht mehr feststellbar ist. ***Kein Radieren oder Durchstreichen; Löschen von Daten auf Datenträgern*** ist also ***verboten***. Fehlerhafte Buchungen müssen durch Stornobuchungen rückgängig gemacht werden.
§§ 240, 242 HGB	Zu Beginn seines Unternehmens und ***am Schluss jeden Geschäftsjahres*** muss der Kaufmann ein ***Inventar*** (§ 240) und eine ***Bilanz*** (§ 242) aufstellen. Die Bilanz ist von ihm persönlich zu unterschreiben (§ 242 (2)).
§ 257 HGB § 147 AO	Die ***Aufbewahrungspflicht*** für Handelsbücher, Inventare, Bilanzen und Buchungsbelege sind ***10 Jahre***.
§ 158 AO	Die Buchführung ist der Besteuerung zugrunde zu legen, wenn sie den Vorschriften der §§ 140 bis 148 entspricht.
§ 162 AO	Die Finanzbehörden haben die Buchführung zu schätzen, wenn sie schwere formelle und sachliche Fehler aufweist.
§ 283b StGB	Verstößt ein Kaufmann bei Insolvenz und Zahlungseinstellung gegen die Buchführungspflicht, so kann er mit Freiheitsstrafe oder Geldstrafe bestraft werden.

4.2 Inventur, Inventar

Inventur

(§ 241 HGB): körperliche Bestandsaufnahme aller Vermögensgegenstände und Schulden (Tätigkeit des Messens, Zählens, Wiegens, Erfassens usw.)

Arten der Inventur

Stichtagsinventur:

Kann innerhalb von zehn Tagen vor oder nach dem Abschlussstichtag stattfinden.

Verlegte Inventur:

Kann innerhalb der letzten drei Monate vor oder innerhalb der ersten zwei Monate nach dem Abschlussstichtag stattfinden. Die Bestände müssen nur wertmäßig auf den Abschlussstichtag bezogen werden.

Permanente Inventur:

- findet fortlaufend durch Eintragung in die Bestandskarteien bzw. -dateien statt. Die Buchbestände müssen mindestens einmal jährlich durch körperliche Aufnahmen (Istbestände) überprüft werden.

Gliederung des Inventars:

A. Vermögen
  I. Anlagevermögen (bleibt langfristig im Betrieb)
     z. B. unbebaute Grundstücke, Betriebsgebäude, Betriebs- und Geschäftsausstattung(BGA), Maschinen etc.
  II. Umlaufvermögen (verbleibt nur kurzfristig im Betrieb)
     z. B. Waren, sonstige Vorräte, Forderungen, Bankguthaben, Kasse
B. Schulden (Fremdkapital)
  I. langfristige Schulden (Laufzeit > 1 Jahr)
     z. B. Hypotheken, Darlehen
  II. kurzfristige Schulden (Laufzeit < 1 Jahr)
     z. B. Verbindlichkeiten aus Lieferung und Leistungen
C. Reinvermögen (Eigenkapital)
   Summe des Vermögens – Summe der Schulden

4.3 Bilanz, Bestandskonten

Bilanz:

- Kurzgefasstes Inventar in Form eines T-Kontos

Bilanzgliederung

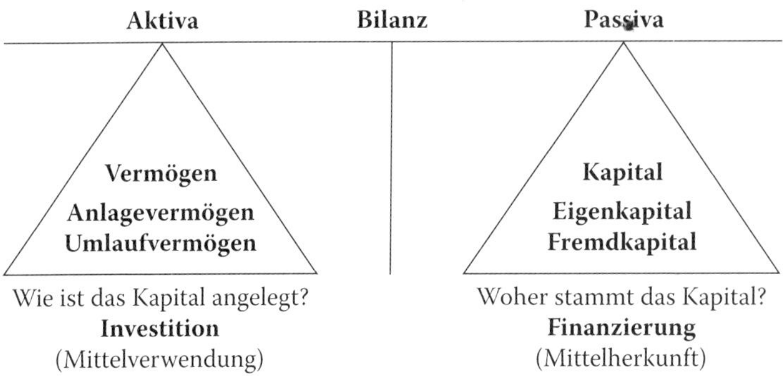

Beispiel:

AKTIVA	BILANZ zum 31.12.20..		PASSIVA
I. Anlagevermögen		**I. Eigenkapital**	60.000,00
1. Gebäude	80.000,00		
2. BGA	10.000,00	**II. Fremdkapital**	
		1. Darlehen	70.000,00
II. Umlaufvermögen		2. Verbindlichkeiten	20.000,00
1. Waren	20.000,00		
2. Bank	40.000,00		
	150.000,00		150.000,00

Auflösen der Bilanz in Konten

Aktiva	Bilanz		Passiva
Gebäude	80.000,00	Eigenkapital	60.000,00
BGA	10.000,00	Darlehen	70.000,00
Waren	20.000,00	Verbindlichkeiten	20.000,00
Bank	40.000,00		
	150.000,00		150.000,00

Aktivkonten = Vermögenskonten

S	Gebäude	H
AB[1]	80.000,00	

S	BGA	H
AB	10.000,00	

S	Waren	H
AB	20.000,00	

S	Bank	H
AB	40.000,00	

Passivkonten = Kapitalkonten

S	Eigenkapital	H
	AB	50.000,00

S	Darlehen	H
	AB	70.000,00

S	Verbindlichkeiten	H
	AB	20.000,00

- Bei allen Konten der Aktivseite der Bilanz (= Aktivkonten) steht der Anfangsbestand im Soll.
- Bei allen Konten der Passivseite der Bilanz (= Passivkonten) steht der Anfangsbestand im Haben.

Buchen auf Bestandskonten

Aktives Bestandskonto

S	H
Anfangsbestand	Abgänge
Zugänge	Schlussbestand

Passives Bestandskonto

S	H
Abgänge	Anfangsbestand
Schlussbestand	Zugänge

Auf der Seite, auf der der Bilanzposten in der Bilanz steht, stehen der Anfangsbestand und die Zugänge. Folglich befinden sich die Abgänge und der Schlussbestand auf der jeweils anderen Kontenseite.

4.4 Erfolgskonten, Gewinn und Verlustkonto (GuV)

Aufwendungen

- Alle Aufwendungen reduzieren das Eigenkapital.
- Aufwandskonten sind z. B. Aufwendungen für Handelswaren, Löhne und Gehälter, Bezugskosten, Mietaufwendungen, Zinsaufwendungen etc.
- Alle Aufwendungen werden auf Einzelkonten erfasst und im Soll gebucht.

Erträge

- Alle Erträge erhöhen das Eigenkapital.
- Ertragskonten sind z. B. Umsatzerlöse für Handelswaren, Zinserträge, Mieterträge etc.
- Alle Erträge werden auf Einzelkonten erfasst und im Haben gebucht.

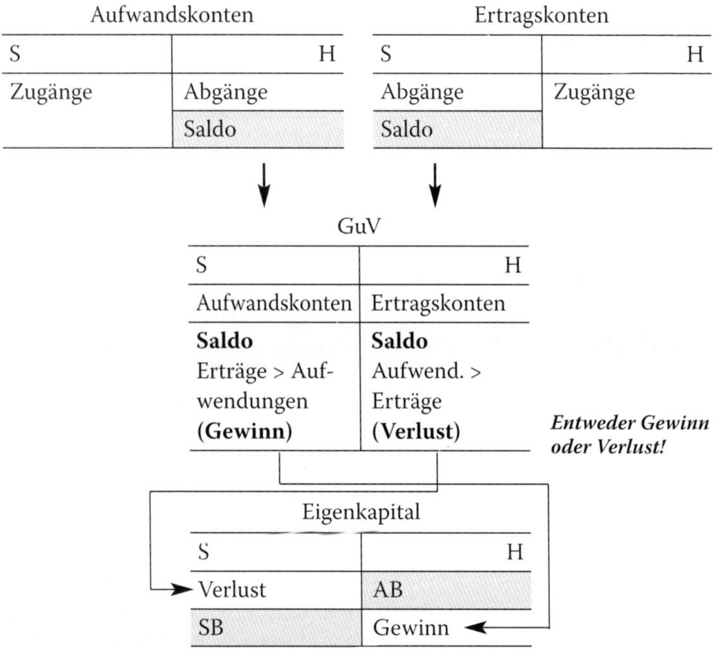

- Erfolgskonten besitzen keinen Anfangs- und Schlussbestand.
- Erfolgskonten werden immer auf das GuV-Konto abgeschlossen.
- Aufwendungen stehen in der GuV im Soll, Erträge im Haben.
- Das GuV-Konto wird auf das Eigenkapitalkonto abgeschlossen.

4.5 Warenkonten

Warenvorgänge werden auf drei verschiedene Konten gebucht:

Aufwendungen für Waren	Aufwandskonto	Bei dem üblichen aufwandsorientierten Verfahren werden hier alle Wareneinkäufe (bewertet zu den jeweiligen Bezugspreisen) erfasst.
Handelswaren	Bestandskonto	Erfasst den Anfangs- und den Schlussbestand der Waren.

Handelswaren	Bestands-konto	Es gilt: Anfangsbestand > Schlussbestand → Bestandsminderung Anfangsbestand < Schlussbestand → Bestandsmehrung
Umsatzerlöse für Handelswaren	Ertragskonto	Erfasst die Warenverkäufe (bewertet zu den jeweiligen Nettoverkaufspreisen)

Ermittlung des Wareneinsatzes

  Wareneinkäufe
+ Bestandsminderungen bzw.
  Bestandsmehrungen
= Wareneinsatz

Rohgewinn = Umsatzerlöse – Wareneinsatz

4.6 Umsatzsteuer

Die Steuern bilden die wichtigste Einnahmequelle des Staates. Nach § 1 der Abgabenordnung (AO) handelt es sich bei den Steuern um einmalige oder laufende Abgaben, die ohne direkte Gegenleistung von einem öffentlich-rechtlichen Gemeinwesen kraft Gesetzes vereinnahmt werden.

Die Umsatzsteuer ist eine Verkehrssteuer, die ***ausschließlich vom Endverbraucher*** getragen wird.

Nach § 1 Umsatzsteuergesetz (UStG) unterliegen alle Lieferungen und Leistungen, die ein Unternehmen im Inland gegen Entgelt ausführt, der Umsatzsteuer (USt).

Umsatzsteuerfrei sind Vermietung, Export, Kredit- und Zahlungsverkehr der Kreditinstitute und Leistungen der Deutschen Bundespost.

Die ***Umsatzsteuer beträgt*** seit dem 1.1.2007 ***19 %*** von dem Entgelt, das der Lieferer in Rechnung stellt. Dem ***ermäßigten Steuersatz*** von ***7 %*** unterliegen z. B. wichtige Nahrungsmittel, landwirtschaftliche Produkte sowie Bücher, Zeitungen, Zeitschriften.

Die Umsatzsteuer, die man beim Einkauf bezahlt (Konto 2600 Vorsteuer) wird im Soll gebucht und stellt eine Forderung gegenüber dem Finanzamt dar.

Die Umsatzsteuer, die man beim Verkauf erhält (Konto 4800 Umsatzsteuer) wird im Haben gebucht und stellt eine Verbindlichkeit gegenüber dem Finanzamt dar.

Für Unternehmen ist die Umsatzsteuer ein ***durchlaufender Posten***, da sie mit dem Finanzamt verrechnet wird. Der Unternehmer hat bis zum 10. Tag nach Ablauf eines Kalendermonats (Voranmeldungszeitraum) eine ***Umsatzsteuervoranmeldung*** nach amtlich vorgeschriebenem Vordruck abzugeben, indem er die Steuer für den Voranmeldungszeitraum (Vorauszahlung) selbst berechnet (***Zahllast = eingenommene Umsatzsteuer – gezahlte Vorsteuer***). Gleichzeitig ist die Vorauszahlung (Zahllast) zu entrichten. Nach Ablauf des Kalenderjahrs muss der Unternehmer eine ***Umsatzsteuererklärung*** abgeben, in der die endgültige Steuerschuld (Zahllast) selbst berechnet wird (Steueranmeldung).

4.7 Anlagenwirtschaft

4.7.1 Kauf von Anlagegütern

Vermögensgegenstände, die dem Einzelhandelsunternehmen langfristig dienen, gehören zum **Anlagevermögen** (z. B. Ladeneinrichtung, Fuhrpark). Beim Erwerb werden diese Güter mit ihren Anschaffungskosten erfasst.

Anschaffungspreis	Nettopreis ohne Umsatzsteuer
– Anschaffungspreisminderungen	Rabatte, Skonti, Boni, sonstige Nachlässe
+ Anschaffungsnebenkosten	Transport, Montage, Umbau, Provisionen
= Anschaffungskosten	

4.7.2 Abschreibung auf Sachanlagen

Anlagegüter werden von Einzelhandelsunternehmen langfristig genutzt. Sie verlieren dabei an Wert durch

- Abnutzung beim Gebrauch
- technischen Fortschritt
- wirtschaftliche Überholung (Modewechsel)
- natürlichen Verschleiß

Diese Wertminderungen werden in der Buchhaltung als Aufwand erfasst und als **Abschreibungen** bezeichnet.

Lineare Abschreibung

Der jährliche Abschreibungsbetrag ist immer gleich hoch.

$$\text{Abschreibungsbetrag} = \frac{\text{Anschaffungskosten}}{\text{Nutzungsdauer}}$$

Die Nutzungsdauer wird von der Finanzbehörde in sogenannten Afa-Tabellen festgesetzt.

Degressive Abschreibung

Bei dieser Abschreibungsmethode ergeben sich jährlich fallende Abschreibungsbeträge, da immer ein bestimmter Prozentsatz abgeschrieben wird.

Mit der Unternehmenssteuerreform 2008 wurde die Möglichkeit der degressiven Abschreibung zunächst abgeschafft, für die Jahre 2009 und 2010 allerdings als Teil des Konjunkturprogramms vorübergehend wieder eingeführt.

Für Anschaffungen in den Jahren 2009 und 2010 gilt: Die degressive Abchreibung beträgt das 2,5-fache der linearen Abschreibung, maximal 25 %.

Beispiel: Anschaffung eines Betriebs-PKWs im Jahr 2009. Nutzungsdauer laut Afa-Tabelle: 6 Jahre. Die lineare Abschreibung würde 16,67 % (100/6) betragen, mit der degressiven Abschreibungmethode ist eine Abschreibung von 25 % möglich.

Bei der degressiven Abschreibung sind die Abschreibungsbeträge in den ersten Jahren höher als bei der linearen Abschreibungsmethode. Dadurch mindert sich der Gewinn des Unternehmens stärker und die Steuerlast sinkt.

4.7.3 Geringwertige Wirtschaftsgüter

Nach den Regelungen der Unternehmenssteuerreform 2008 dürfen ***bewegliche Anlagegüter bis zu einem Wert von 150,00 EUR*** Anschaffungskosten (netto) sofort als Aufwand gebucht werden (Verbrauchsfiktion). Bei Anschaffungskosten von 150,00 – 1.000,00 EUR müssen selbstständig nutzbare Wirtschaftsgüter über fünf Jahre in einem jahresbezogenen Sammelposten („Pool") linear abgeschrieben werden. Ein Ausscheiden des Wirtschaftsgutes (Verkauf, Zerstörung u. Ä.) berührt das Sammelkonto nicht.

4.8 Organisation der Buchführung

Grundbuch:

- Enthält alle Buchungssätze in zeitlich richtiger Reihenfolge.

Hauptbuch:

- Enthält sämtliche Sachkonten mit den richtigen Buchungen.

Kontokorrentbuch:

- Kunden-/Liefererkonten

Kontenrahmen:

- Systematische Gliederung sämtlicher Konten, die für alle Unternehmen einer Branche erforderlich ist. Jedes Konto hat eine vierstellige Kontennummer, die sich durch eine Einteilung in Kontenklassen, Kontengruppen, Kontenarten und Kontenunterarten ergibt. So ist eine klare Übersicht und die Vergleichbarkeit mit anderen Unternehmen sowie eine Vereinfachung der Buchungsarbeit und eine vereinfachte Prüfung gewährleistet.

1. Stelle	**Kontenklasse**	5	Erträge
2. Stelle	**Kontengruppe**	50	Umsatzerlöse
3. Stelle	**Kontenart**	500	Umsatzerlöse Warengruppe I
4. Stelle	**Einzelhandelskontenrahmen**	5001	Erlösberichtigungen

Einzelhandelskontenrahmen

Klasse	Konteninhalt		
0	Immaterielle Vermögensgegenstände und Sachanlagen	Anlagevermögen	aktive Bestandskonten
1	Finanzanlagen		
2	Umlaufvermögen und aktive Rechnungsabgrenzung	Umlaufvermögen	
3	Eigenkapital und Rückstellungen	Eigenkapital	passive Bestandskonten
4	Verbindlichkeiten und passive Rechnungsabgrenzung	Fremdkapital	

Klasse	Konteninhalt		
5	Erträge	Ertragskonten	Erfolgskonten
6	betriebliche Aufwendungen	Aufwands-konten	
7	weitere Aufwendungen		
8	Ergebnisrechnung	Bilanz und GuV	Abschluss-konten
9	Kosten- und Leistungsrechnung	Rechnungskreis II (für die Kosten- und Leistungsrechnung)	

Kontenplan:

Aus der Menge der zur Verfügung stehenden Konten sucht sich das Unternehmen die passenden Konten heraus und erstellt seinen eigenen Kontenplan.

5 Statistik

5.1 Aufgaben

Die Statistik ist ein Teilbereich des betrieblichen Rechnungswesens. Ihre Aufgabe ist die Aufbereitung und übersichtliche Darstellung des aus der Buchhaltung und der Kosten- und Leistungsrechnung stammenden Zahlenmaterials.

Bei der Statistik unterscheidet man den innerbetrieblichen und den zwischenbetrieblichen Vergleich:

innerbetrieblicher Vergleich	zwischenbetrieblicher Vergleich
▪ hier werden Daten aus dem Einzelhandelsunternehmen miteinander verglichen Beispiel: Umsatzentwicklung im Zeitablauf	▪ verglichen werden innerbetriebliche Daten wie Umsatz, Mitarbeiterzahl, Verkaufsfläche mit den Zahlen ähnlicher Einzelhandelsbetriebe

5.2 Darstellungsmethoden

Die Aufbereitung des betrieblichen Zahlenmaterials erfolgt in der Statistik durch Tabellen und Diagramme. Sie dienen dazu, das Zahlenmaterial anschaulicher zu machen. Die Art der Darstellung hängt u. a. ab von:

- der Art des Zahlenmaterials
- dem Zweck der Darstellung

(1) Tabellen – Beispiel Umsatztabelle

Quartale	Warengruppe 1 (Umsätze in Euro)
1	13.400
2	12.800
3	17.500
4	15.600
Summe	**59.300**

(2) Grafiken

- Balkendiagramm

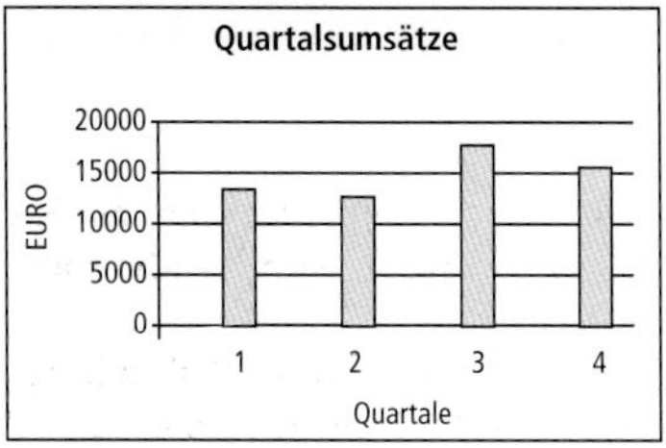

- Kurvendiagramm

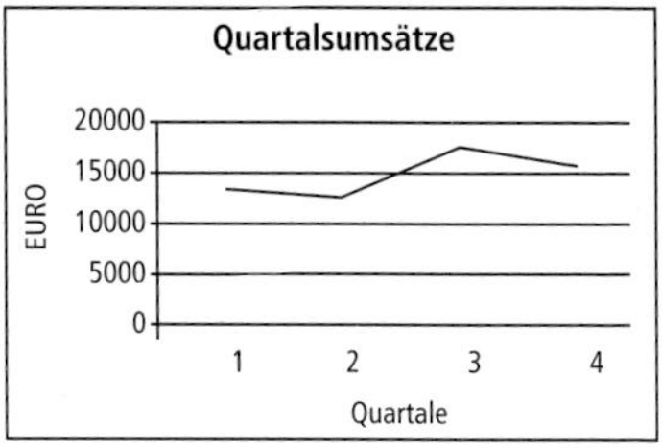

- Kreisdiagramm

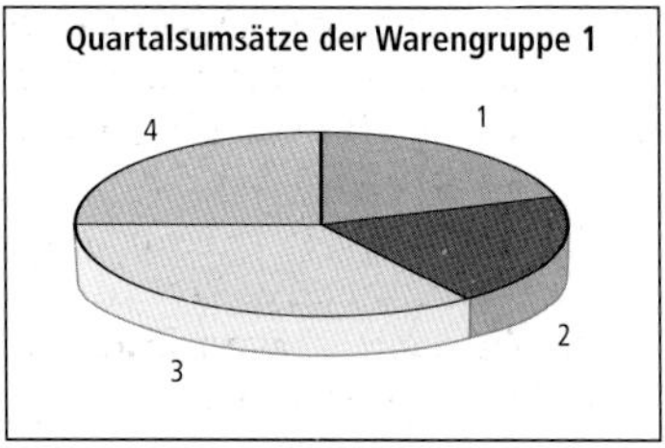

- Flächendiagramm

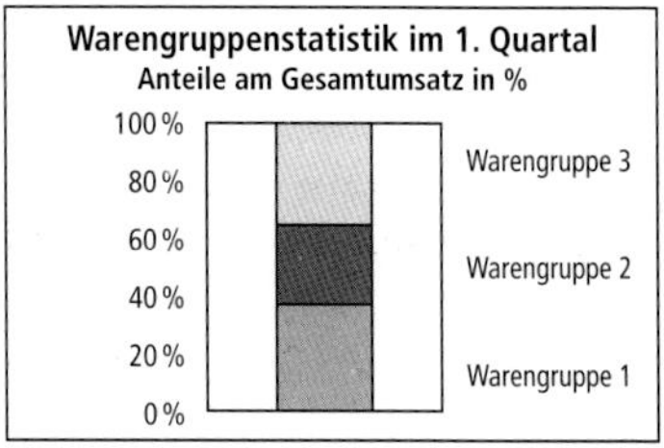

6 Controlling

6.1 Begriff und Aufgaben

▶ Controlling ist ein Instrument, das die Unternehmensleitung in ihren Entscheidungen unterstützt.

Es dient einer ergebnisorientierten Planung, Steuerung und Kontrolle des gesamten Unternehmens in all seinen Bereichen. Es ist ein

(1) Informationsinstrument ▪ Beschaffung und Aufbereitung von Informationen

(2) Planungsinstrument ▪ Formulierung und Vorgabe von messbaren Zielen

(3) Kontrollinstrument ▪ Überwachung, ob die vorgegebenen Planwerte eingehalten wurden

(4) Steuerungsinstrument ▪ Analyse der Ursachen von Abweichungen und Vorschläge für mögliche Steuerungsmaßnahmen zur Zielerreichung

Ziel des Controlling ist es, eine vorausschauende Erfolgssteuerung des Unternehmens zu ermöglichen.

6.2 Instrumente

(1) Kennzahlensysteme ▪ Zusammenfassung von mehreren Kennzahlen aus einem bestimmten betrieblichen Bereich, z. B. Lagerkennzahlen

(2) Budgetierung ▪ Vorgabe von Planzahlen (Sollwerte) für alle betrieblichen Teilbereiche in Form von Mengengrößen (z. B. geplante Verkaufszahlen für eine Warengruppe) und von Wertgrößen (z. B. Vorgabe der Personalaufwendungen für das Lager)

(3) Soll-Ist-Vergleiche ▪ Vergleich der Plandaten mit den tatsächlich erwirtschafteten Daten (Istwerten); Analyse der Abweichungsursachen

(4) Berichtswesen ▪ Sammlung, Auswertung und Präsentation von betrieblichen Informationen. Das Berichtswesen liefert den Entscheidungsträgern Daten für Planung, Kontrolle und Steuerung.

6.3 Anwendungsbereiche

▸ Die wichtigsten Anwendungsfelder für das Controlling in Einzelhandelsbetrieben sind die warenwirtschaftlichen Bereiche Beschaffung, Lagerwirtschaft und Absatz. Daneben wird das Controlling auch im Personal- und Finanzbereich eingesetzt. Die Erfassung und Aufbereitung von Daten erfolgt mithilfe von EDV-gestützten Warenwirtschaftssystemen.

Lager-controlling	**Lagerkennziffern** *(siehe dazu Kapitel C 3.7)* **Analyse der Lagerhaltungskosten** Die Minimierung der Lagerhaltungskosten ist ein wesentliches Ziel im Einzelhandel. Die Analyse dieser Kosten gibt u. a. Hinweise, welche Lagerhaltungskosten vom Einzelhändler beim Einkauf beeinflussbar sind (variable Kosten) und welche von der gelagerten Menge unabhängig sind (Fixkosten). **Einkaufs- und Lagerstatistiken** Sie erfassen u. a. die Wareneingänge und Lagerbewegungen, die Lagerdauer und den Lagerumschlag. Sie geben dadurch wichtige Hinweise für eine optimale Vorratshaltung.
Beschaffungs-controlling	**Lieferantenanalyse** Mithilfe einer ABC-Analyse seiner Lieferanten kann ein Einzelhandelsbetrieb feststellen, wie stark der Einkauf sich auf bestimmte Lieferer konzentriert. Hieraus erhält er Rückschlüsse z. B. für Verhandlungen über Einkaufskonditionen. **Limitplanung und Limitkontrolle** Die Kontrolle der Einhaltung eines vorgegebenen Limits beim Einkauf ermöglicht eine Begrenzung des Beschaffungsrisikos.
Absatz-controlling	**Verkaufsdatenanalyse** Das Warenwirtschaftssystem liefert Informationen über die getätigten Umsätze, gegliedert nach einzelnen Artikeln, Warengruppen oder Kunden. **Renner-Penner-Liste** Sie gibt Auskunft über gut verkaufbare Artikel (Renner) und schlecht verkaufbare Ware (Penner) und zeigt die tatsächlichen Verkaufszahlen eines Artikels für einen bestimmten Zeitraum. **Umsatz/Absatz im Verhältnis zur Kundenzahl** Die Kennzahlen ermöglichen einen Vergleich verschiedener Filialen. **Umsatz/Absatz im Verhältnis zur Verkaufsfläche** Diese Kennzahlen zeigen z. B. den Monatsumsatz bzw. Monatsabsatz pro m^2 Verkaufsfläche. **Umsatz je Mitarbeiter/Team** Erfasst werden die Umsätze pro Verkäufer, der Anteil der Kundenretouren oder die Zahl der bedienten Kunden
Personal-controlling	**Personalkostenanalyse** Darstellung der wichtigsten Einflussfaktoren auf die Personalkosten. **Analyse der Personalstruktur** Hierzu dienen Kennzahlen wie die Anteile höher qualifizierter Mit-

arbeiter (Qualifizierungsquote), der Auszubildenden (Ausbildungsquote), von Teilzeitbeschäftigten oder von Frauen im Unternehmen.

Analyse der Personalentwicklung

Das Controlling liefert in diesem Bereich Kennzahlen über Krankenstand, Fehlzeiten und Fluktuation.

Controlling im Finanz- und Rechnungswesen

Unternehmungs- und Unternehmergewinn

Erträge (Kontenklasse 5)
− Aufwendungen (Kontenklasse 6 + 7)

= Unternehmungsgewinn (Reingewinn aus der GuV)
− Unternehmerlohn (bei Einzelunternehmern und Personengesellschaften)

= Unternehmergewinn
− außerordentliche/betriebsfremde Erträge
+ außerordentliche/betriebsfremde Aufwendungen

= Betriebsergebnis (Kostenrechnung)

Eigenkapitalrentabilität

Sie gibt die Verzinsung des eingesetzten Eigenkapitals an.

$$\text{EK-Rentabilität} = \frac{\text{Gewinn} \cdot 100}{\text{Eigenkapital}}$$

Umsatzrentabilität

Sie zeigt an, wie viel Euro Gewinn je 100,00 Euro Umsatz dem Einzelhandelsunternehmen zugeflossen sind.

$$\text{Umsatz-Rentabilität} = \frac{\text{Gewinn} \cdot 100}{\text{Umsatz}}$$

Eigenkapitalquote

Sie zeigt an, welcher prozentuale Anteil das Eigenkapital an der Gesamtfinanzierung des Unternehmens hat.

$$\text{Eigenkapitalquote} = \frac{\text{Eigenkapital} \cdot 100}{\text{Gesamtkapital (= EK + FK)}}$$

Liquidität

Sie gibt Auskunft über die Zahlungsfähigkeit des Unternehmens.

$$\text{Liquidität 1. Grades} = \frac{\text{flüssige Mittel (= Bank + Kasse)} \cdot 100}{\text{kurzfristige Schulden}}$$

$$\text{Liquidität 2. Grades} = \frac{\text{(liquide Mittel + kurzfr. Forderungen)} \cdot 100}{\text{kurzfristige Schulden}}$$

$$\text{Liquidität 3. Grades} = \frac{\text{Umlaufvermögen} \cdot 100}{\text{kurzfristige Schulden}}$$

Sachwortverzeichnis